RISCHE NEHRUNG
KURISCHES HAFF
Memelland
Memel
Gilge
Gilge
Tilsit
Ragnit
Labiau
GSBERG
Arnau
Pregel
drichstein
Wehlau
Inster
Georgenburg
Insterburg
Pillkallen
Gumbinnen
Trakehnen
Friedland
PREUSSEN
Schloß
Klein-Beynuhnen
Angerburg
Steinort
Mauersee
eilsberg
Rastenburg
Heiligelinde
Ublick-
see
MASUREN
Lyck
stein
Nikolaiken
Spirding-
see
Beldahnsee
Schoben-
see
Rudzanny
Johannisburg
Ortelsburg
Niedersee
rg
50 km

Dönhoff · Namen die keiner mehr nennt

MARION GRÄFIN DÖNHOFF

Namen die keiner mehr nennt

Ostpreußen — Menschen und Geschichte

VERLAG GERHARD RAUTENBERG

Die Farbaufnahmen dieses Buches stammen von Marion Gräfin Dönhoff (Umschlag vorne), Dietrich Weldt (Schloß Quittainen) und Michael Welder (alle übrigen Bilder).

Die Deutsche Bibliothek – CIP-Einheitsaufnahme

Dönhoff, Marion Gräfin:
Namen, die keiner mehr nennt: Ostpreußen –
Menschen und Geschichte / Marion Gräfin Dönhoff. –
Leer: Rautenberg, 1994
ISBN 3-7921-0543-8

Neuausgabe 1994

Dieses ist eine erweiterte Neuausgabe des gleichnamigen, 1962 im Verlag Eugen Diederichs erschienenen Titels

Gesamtherstellung: Druckerei Rautenberg, 26787 Leer
ISBN 3-7921-0543-8
Printed in Germany

NACH OSTEN FUHR KEINER MEHR

Vorwort

Mehr als drei Jahrzehnte sind vergangen, seit dieses Buch geschrieben wurde. Damals – es war 1961 – lag die Trennung von meiner ostpreußischen Heimat und der Schmerz, den dies bedeutete, weit genug zurück, um sich nüchterner als dies zuvor möglich gewesen wäre, Rechenschaft darüber zu geben. Andererseits war alles noch so nah, daß mir jede Einzelheit deutlich genug vor Augen stand, um darüber schreiben zu können.

Es ist ein Buch des Abschieds. Abschied von den Bildern meiner Jugend: ein großer Himmel, der sich über weiten Feldern wölbt, bescheidene Dörfer, Kopfsteinpflaster, Sonnenblumen im Vorgarten, Gänse auf den Straßen und allenthalben jene herrlichen Alleen, die im Westen dem motorisierten Verkehr geopfert wurden. Abschied von einer versunkenen Welt, in der die Jahreszeiten den Rhythmus des Lebens noch ganz unmittelbar bestimmten: das weidende Vieh auf sommerlichen Wiesen, Regenwolken über leeren Stoppelfeldern, der Schrei der Wildgänse, die im Frühjahr gen Norden ziehen, der Ruf der Häher im herbstlichen Gehölz, die Fuchsspur im frisch verschneiten Wald.

Abschied auch von der Welt der vorindustriellen Gesellschaft, in der die Beziehungen der Menschen zueinander noch nicht so vielfältig versachlicht waren wie dies heute der Fall ist, in der Sinn und Wert des Lebens sich nicht allein nach Tüchtigkeit und Leistung bemessen haben und der materielle Erfolg noch nicht zum Maßstab aller Dinge geworden war. Dort und damals zählten noch Imponderabilien. In jener Welt war noch Platz für Vogel, Fischotter, Marder und Iltis, die in der heutigen intensiv wirtschaftenden Gesellschaft keinen Lebensraum mehr finden. Seeadler, Kraniche und der große Brachvogel fanden noch verschwiegene Brutplätze, und in den Feldern und an Wegrändern wuchsen Mohn- und Kornblumen, die der Verbreitung von Chemikalien aller Art noch nicht hatten weichen müssen.

Meine Vorfahren waren im 14. Jahrhundert im Westen aus der Gegend des Ruhr-Flusses aufgebrochen und gen Osten in die große Wildnis gezogen. 600 Jahre später habe ich denselben Weg wieder zurückgelegt, zusammen mit Millionen anderen, die ihre Heimat verloren. Wir waren mit hineingerissen worden in jenes große Chaos, in dem freche Anmaßung, bedenkenlose Brutalität verbrämt mit phantastischen Illusionen zu schlichter Kopflosigkeit und entwaffnender Unfähigkeit geworden waren. Damals gingen in dem Gewirr vorwärts stürmender russischer Panzer, zurückflutender deutscher Einheiten, fliehender Frauen, Kinder und Greise 600 Jahre Geschichte unter.

Sechs Jahrhunderte ausgelöscht. In den ersten Jahren konnte ich es nicht glauben, wollte es nicht wahrhaben, hoffte gegen alle Vernunft immer noch auf ein Wunder. Das ist nun lange her. Inzwischen weiß ich: diesmal gibt es kein Zurück. Was jener Wahnsinnige verspielt hat, läßt sich nicht zurückgewinnen.

Ich bin seither mehrfach in Polen – auch im nördlichen Ostpreußen – gewesen. Und jedes Mal, wenn ich die Alleen wiedersah, die einsamen Seen und stillen Wälder, meinte ich nach Hause zu kommen. Landschaft ist eben wichtiger und gewiß prägender als alles andere. Sie gehört im letzten und höheren Sinne ohnehin niemandem, allenfalls vielleicht dem, der imstande ist zu lieben ohne zu besitzen.

Daß der Verleger sich entschlossen hat, dieses Buch nach so langer Zeit noch einmal aufzulegen, mag damit zusammenhängen, daß es eben nicht nur wie beabsichtigt die Erinnerungen an Ostpreußen festhält, sondern ungewollt zu einem „in memoriam" für die alte Welt, für eine bestimmte europäische Lebensform geworden ist. Eine Welt, die noch von der Natur bestimmt war und von einer gewissen Ehrfurcht, die inzwischen der gedankenlosen und unbarmherzigen Hybris des Menschen zum Opfer gefallen ist.

Marion Dönhoff

Es war 3 Uhr morgens. Den genauen Tag weiß ich nicht mehr, denn jene Tage waren ein einziges großes Chaos, das sich der kalendarischen Ordnung entzog. Aber daß es 3 Uhr morgens war, weiß ich, weil ich aus irgendeinem, vielleicht einem dokumentarischen Bedürfnis oder auch nur aus Ratlosigkeit nach der Uhr sah.

Seit Tagen war ich in der großen Kolonne der Flüchtlinge, die sich von Ost nach West wälzte, mitgeritten. Hier in der Stadt Marienburg nun war der Strom offenbar umgeleitet worden, jedenfalls befand ich mich plötzlich vollkommen allein vor der großen Brücke. War dieser gigantische Auszug von Schlitten, Pferdewagen, Treckern, Fußgängern und Menschen mit Handwagen, der die ganze Breite der endlosen Chausseen Ostpreußens einnahm und der langsam aber unaufhaltsam dahinquoll wie Lava im Tal, schon gespenstisch genug, so war die plötzliche Verlassenheit fast noch erschreckender.

Vor mir lag die lange Eisenbahnbrücke über die Nogat. Altmodische hohe Eisenverstrebungen, von einer einzigen im Winde schwankenden Hängelampe schwach erleuchtet und zu grotesken Schatten verzerrt. Einen Moment parierte ich mein Pferd, und ehe dessen Schritt auf dem klappernden Bretterbelag alle anderen Geräusche übertönte, hörte ich ein merkwürdig rhythmisches, kurzes Klopfen, so als ginge ein dreibeiniges Wesen schwer auf einen Stock gestützt ganz langsam über den hallenden Bretterboden. Zunächst konnte ich nicht recht ausmachen, um was es sich handelte, aber sehr bald sah ich drei Gestalten in Uniform vor mir, die sich langsam und schweigend über die Brücke schleppten: Einer ging an Krücken, einer am Stock, der dritte hatte einen großen Verband um den Kopf, und der linke Ärmel seines Mantels hing schlaff herunter.

Man habe es allen Insassen des Lazaretts freigestellt, sich aus eigener Kraft zu retten, sagten sie, aber von etwa tausend Verwundeten hätten nur sie drei diese »Kraft« aufgebracht, alle anderen seien nach tagelangen Transporten in ungeheizten Zügen ohne Essen und ärztliche Versorgung viel zu kaputt und apathisch, um diesem verzweifelten Rat zu folgen. Rat? Eigene Kraft? Die russischen Panzer waren höchstens noch 30 km, vielleicht auch nur 20 km von uns entfernt; diese Drei aber waren nicht im Stande, mehr als zwei km in der Stunde zurückzulegen. Überdies herrschten 20 bis 25 Grad Kälte — wie lange also würde es dauern, bis der Frost sich in die frischen Wunden hineinfraß?

Hunderttausende deutscher Soldaten waren in diesen letzten sechs Monaten elendiglich umgekommen, verreckt, zusammengeschossen oder einfach erschlagen worden — und diese drei würden das gleiche Schicksal haben, gleichgültig, ob sie nun im Lazarett geblieben wären, oder ob sie sich entschlossen hatten, noch ein paar Kilometer weiter nach Westen zu marschieren. Die einzig offene Frage schien mir, ob ihr Schicksal sie schon heute oder erst morgen ereilen würde.

Mein Gott, wie wenige in unserem Lande hatten sich das Ende so vorgestellt. Das Ende eines Volkes, das ausgezogen war, die Fleischtöpfe Europas zu erobern und die Nachbarn im Osten zu unterwerfen. Denn das war doch das Ziel, jene sollten für immer die Sklaven sein, diese wollten für immer die Herrenschicht stellen.

Noch bis vor wenigen Monaten war immer von neuem versichert worden, kein Fußbreit deutschen Landes werde je dem Feinde preisgegeben werden. Aber als die Russen schließlich die ostpreußische Grenze überschritten hatten, da hieß es, jetzt müsse sich die Bevölkerung wie ein Mann erheben; der Führer, der seine Wunderwaffe eigentlich erst im nächsten Jahr hätte einsetzen wollen, um Rußland dann endgültig zu vernichten, wolle sich entschließen, sie schon jetzt vorzeitig zur Anwendung zu bringen. Der Endsieg sei nur eine Frage des Willens. So die Führung. Und die Wirklichkeit?

Für mich war dies das Ende Ostpreußens: drei todkranke Soldaten, die sich über die Nogat-Brücke nach Westpreußen hineinschleppten. Und eine Reiterin, deren Vorfahren vor 700 Jahren von West nach Ost in die große Wildnis jenseits dieses Flusses gezogen waren und die nun wieder nach Westen zurückritt — 700 Jahre Geschichte ausgelöscht.

Wie gesagt, ich weiß nicht mehr genau, an welchem Tag dies geschah, aber es war irgendwann in der zweiten Hälfte des Januar 1945. Mitte Januar war die russische Offensive losgebrochen gegen eine Front, die dünn und zerbrechlich war wie das Eis im Frühjahr. Es gab deutsche Divisionen, die nur noch aus ein paar hundert Mann bestanden. Es gab Panzereinheiten, die ein Drittel ihrer Fahrzeuge sprengten, um auf diese Weise Treibstoff für die restlichen Panzer zu gewinnen. Und es gab in der Führung niemanden — nicht einen einzigen der doch in hundert Schlachten bewährten Generale —, der den Mut gehabt hätte, Hitlers dilettantische Strategie vom Tisch zu fegen und die Führung selbst in die Hand zu nehmen, um wenigstens dieses sinnlose Sterben zu verhindern.

Guderian, der Chef des Generalstabs, hatte, seit die erste große russische Offensive im Juli 1944 bis Memel und bis nach Trakehnen in Ostpreußen durchgestoßen war, Hitler immer wieder um Erlaubnis gebeten, die 30 Divisionen, die noch in Kurland standen, zurücknehmen zu dürfen. Vergeblich. Dreihunderttausend Mann, zu denen die Verbindung abgerissen war, die selber als weit vorspringender »Balkon« in ständig wachsender Gefahr lebten, wären in diesem Moment in Ostpreußen von unschätzbarem Wert gewesen. Eine Frontbegradigung hätte — und dies war der Plan des keineswegs optimistischen Generalstabchefs — es möglich gemacht, wenigstens die Zivilbevölkerung aus den unmittelbar gefährdeten Gebieten herauszubekommen, solange die Front noch hielt. Aber Hitler hatte immer wieder erklärt, er brauche die Divisionen in Kurland, um von dort aus im Frühjahr die große Offensive nach Rußland hinein zu eröffnen, überdies bänden sie in der Zwischenzeit dort, wo sie sich befänden, starke russische Kräfte. So blieben sie dort, wo sie niemandem nutzten und wo sie jederzeit vernichtet werden konnten.

Dabei hatten die Russen schon im Juli 1944, als sie von Witebsk bis zur Rollbahn und hinter die deutsche Front durchstießen, gezeigt, daß es keine Offensive nach Osten mehr geben würde. Damals hatten sie den deutschen Truppen den Rückzug über die Beresina abgeschnitten; das kostete 300 000 deutschen Soldaten das Leben, die in den Wäldern östlich Minsk vernichtet wurden, während gleichzeitig etwa sechs Divisionen in Witebsk, Orscha und anderen befestigten Orten des Kampfgebietes niedergemacht wurden.

Alles hätte also daran gesetzt werden müssen, eine neue rückwärtige Verteidigungslinie aufzubauen, aber Hitler hing weiter seinen Illusionen über neue Offensiven nach und geißelte als Defaitismus alle Maßnahmen, die der wirklichen Lage Rechnung getragen hätten. Ja, er hatte sich im Dezember 1944 sogar entschlossen, aus den längst viel zu dünn besetzten Stellungen im Osten Divisionen abzuziehen, um im Westen die spektakuläre Ardennen-Offensive starten zu können — ein Unternehmen, das alle Fachleute unter diesen Umständen als baren Unsinn betrachteten und das auch sehr bald zusammenbrach.

So kam es denn, daß Illusionen, die mit dem Argument begründet wurden, »es kann doch nicht sein, daß alles umsonst war«, zum Anlaß wurden, jegliche Evakuierung der Zivilbevölkerung zu verbieten — weder Kinder noch Gepäck durften weggeschickt werden. Und so kam es, daß jene chaotische Situation heraufbeschworen wurde, in deren Strudel auch ich geriet. Nämlich das Ineinanderfluten von drei großen Wellen: Das Zurückströmen einer geschlagenen Armee, die planlose Flucht der Zivilbevölkerung und das Hereinbrechen eines zu äußerster — vergeltender — Grausamkeit entschlossenen Feindes.

Kurz zuvor, also Mitte Januar 1945, war bei mir in Quittainen ein Vertreter der Kreisleitung von Pr. Holland — unserer zuständigen Kreisstadt — erschienen und hatte mir einen schweren Verweis der Gauleitung in Königsberg übermittelt: wenn ich weiter defaitistische Vorbereitungen zur Flucht träfe, müßte ich mich auf harte Maßnahmen gefaßt machen. Jene Vorbereitungen zur Flucht bestanden darin, daß ich auf allen Gütern Gestelle aus leichten Latten hatte anfertigen und Strohmatten flechten lassen, die eine schützende Dachkonstruktion für die Leiterwagen abgeben sollten. Obgleich dies in aller Heimlichkeit geschehen war, hatte irgendein Spitzel der Partei diese seltsamen Gebilde auf einer Scheunentenne gesehen und diese seine Entdeckung sofort weitergemeldet.

Den ganzen Sommer über hatten wir studieren können, wie man sich am zweckmäßigsten für die Flucht ausrüstet. Seit dem Frühjahr war der Strom nicht abgerissen. So wie der Sturm über See sich dadurch ankündigt, daß die Wasservögel zum schützenden Hafen fliegen und landeinwärts ziehen, so schob die langsam vorrückende russische Welle ein buntes Gemisch von Flüchtenden vor sich her — längst ehe wir selbst uns auf den Weg machen mußten.

Die ersten waren weißrussische Bauern mit kleinen Pferden und leichten Wagen gewesen, auf denen meist nur ein paar Habseligkeiten und die kleinsten Kinder verstaut waren. Die ganze übrige Familie lief neben und hinter dem Wagen her. Der Bauer mit hoher Pelzmütze ging dem Gefährt voraus oder führte das Pferd.

Einige Monate später folgten Litauer, dann die Memelländer, und schließlich kamen die ersten Ostpreußen aus den östlichen Kreisen. Damals gab es auf allen Gütern und bei vielen Dörfern Plätze, die für diese Durchziehenden eingerichtet waren, Weidegärten, wo sie ausspannen, abkochen und ihre Pferde frei laufen lassen konnten. Der Ausnahmezustand war zum Normalzustand geworden — nicht einmal die neugierigen Dorfkinder betrachteten diese wandernde Völkerschau mehr mit viel Interesse.

Mir war aufgefallen, daß die Wagen gewöhnlich entweder zu wenig Schutz hatten oder die Dachkonstruktion durch riesige Teppiche so schwer belastet wurde, daß die Leute nicht genug Gepäck mitnehmen konnten. Eben darum die Strohmatten und das Lattengestell.

Am Tage, nachdem der Parteifunktionär mich verwarnt und offiziell verkündet hatte, es sei keinerlei

Veranlassung zur Beunruhigung gegeben, traf abends beim Bürgermeister die Order ein, sämtliche Männer, die noch nicht von der Wehrmacht »erfaßt« seien, hätten sich noch in selbiger Nacht zum Volkssturm zu begeben. Außer ein paar uk gestellten Leuten, also solchen, die für den Betrieb unabkömmlich waren, betraf diese Order wirklich nur die mehr als Sechzigjährigen und einige Invaliden.

So hob denn ein großes Wehklagen im Dorf an. Da kamen sie herangehumpelt, der lahme Marx, der halbblinde Kather, der alte Hinz, begleitet von ihren weinenden Frauen. Sie erhielten beim Bürgermeister italienische Gewehre und jeder abgezählt 18 Patronen, mehr gab es nicht. Und dann zogen sie hinaus in die eisige Winternacht ihrem nur allzu gewissen Schicksal entgegen.

Die Aufgabe dieser Volkssturmmänner sollte es sein, die Befestigungen, die der Gauleiter Koch während des Sommers hatte errichten lassen, zu besetzen. Erich Koch war, genau wie die anderen Gauleiter der östlichen Gaue (Danzig, Posen, Stettin, Breslau) nach dem 20. Juli von Hitler zum Reichsverteidigungskommissar ernannt worden. Als solcher hatte er denn auch sofort alles an sich gerissen. Er weigerte sich, das Volksaufgebot der militärischen Führung zu unterstellen, setzte vielmehr an die entscheidenden Stellen seine Parteifunktionäre. Mit großer Energie und ebenso großem Dilettantismus stürzte er sich auf ein selbstentworfenes Programm von Schanzarbeiten und Befestigungen. Dabei kam es sehr rasch zu Kompetenzstreitigkeiten mit General

Reinhard, der die im Osten anschließende Heeresgruppe Mitte kommandierte. Gauleiter Koch ließ nämlich die sogenannten Befestigungen, die bis zum Januar 1945 zum großen Teil schon wieder in sich zusammengefallen waren, dort anlegen, wo im Juli 1944 die Front zum Stehen gekommen war. General Reinhard aber wollte, daß sie nicht dicht hinter der Front, sondern mitten in Ostpreußen errichtet würde. Der Gauleiter aber hielt dies für Defaitismus, und darum unterblieb es.

Unsere braven Quittainer Leute zogen nun also in die tief verschneiten und halb eingestürzten Kochschen Panzergräben, übrigens war unsere Gegend die einzige, in der sie überhaupt je besetzt wurden. Und die verzweifelten Frauen hatten ganz recht gehabt: unser eigner Aufbruch ging vonstatten, ohne daß wir auch nur gehört hatten, ob es den Männern gelungen war, jene Stellungen noch zu erreichen — so sehr überstürzten sich die Ereignisse.

Zwei Tage später, es muß also der 21. oder 22. Januar gewesen sein, hatte ich mich früh morgens aufgemacht. Ich ritt von einem Hof zum anderen, um nach dem Rechten zu sehen. Überall gab es Sorgen: In Lägs war der uk-gestellte Treckerführer eingezogen worden, in Skollmen der Inspektor. Auf vielen Höfen wurden wahllos Pferde requiriert, und überall begannen die Gefangenen — die letzten Arbeitskräfte — unruhig zu werden. Die Franzosen hatten Angst angesichts der allgemeinen Auflösung und fragten sich, wie sie wohl je heimkommen würden, und die Russen wußten genau, daß die sowjetischen

Funktionäre sie als Saboteure behandeln würden, weil sie überlebt und für den Feind gearbeitet hatten, anstatt ihm die Kehle zu durchschneiden.

Gegen Abend, es war schon dunkel, rief ich von unterwegs noch einmal die Kreisleitung in Pr. Holland an, die zu jener Zeit jede Eisenbahnfahrt genehmigen mußte. Ich bat darum, mir eine Fahrkarte auszustellen, da ich am nächsten Morgen früh um 6 Uhr nach Königsberg fahren wolle, um in Friedrichstein, dem zweiten Besitz, für den ich mit zu sorgen hatte, nach dem Rechten zu sehen. Sekundenlang schwieg die Stimme auf der anderen Seite, dann hörte ich die Worte: »Ja, wissen Sie denn gar nicht, daß der Kreis bis Mitternacht geräumt sein muß?«

»Keine Ahnung«, antwortete ich ohne Überraschung und doch auch wieder überrascht, »wo sind denn die Russen?«

»Keine Ahnung«, antwortete er.

»Ja, und auf welche Weise, und wohin sollen wir?«

Auf diese Frage antwortete die Stimme, die bisher nie müde geworden war zu beteuern, die Behörden sorgten für alles, es gäbe daher keinen Grund zur Beunruhigung: »Das ist uns ganz egal, zu Lande, zu Wasser oder durch die Luft ...«

Ich ließ die Leute im Inspektorhaus zusammenrufen und erklärte ihnen, was uns allen jetzt bevorstand. Sie waren vollständig konsterniert. Man hatte ihnen so viel vom Endsieg erzählt und davon, daß »der Führer« es nie zulassen werde, daß auch nur ein Fußbreit ostpreußischen Bodens verloren ginge, daß sie diese Nachricht einfach nicht fassen konnten.

Ich gab ihnen genaue Vorschriften, wieviel, vielmehr wie wenig jeder auf die Wagen laden dürfe, schärfte ihnen ein, um welche Zeit wir uns in der Nacht an der Rogehner Straßenkreuzung treffen wollten, und übertrug die Verantwortung für das Ganze dem Kämmerer.

Alle weinten, und als mein Blick auf Frau Durittke fiel, kamen auch mir die Tränen. Frau Durittke war die Frau des Treckerführers. Eine selbstbewußte und zugleich bescheidene, großartige Frau. Sie besorgte die Schweine und war stolz darauf, daß sie nie einen Arbeitstag gefehlt hatte — seit vielen Jahren. Sie und ihr Mann hatten ihr ganzes Leben lang immer nur gearbeitet, damit die Kinder es einmal besser haben sollten. Der jüngere Sohn war in Frankreich gefallen, der ältere war Unteroffizier — ein prächtiger, gerader, zuverlässiger Bursche, auf den jede Armee der Welt stolz hätte sein können: Eines Tages würde er mit Sicherheit Offizier werden, und dann hätte sich alle Plackerei gelohnt.

Aber nicht dieser Tag kam, sondern es war ein Tag im Herbst 1944 gekommen, an dem ich Frau Durittke über den Hof gehen sah, in jeder Hand einen Eimer. Die fast schöne Frau sah alt aus, geistesabwesend, ein Gespenst ihrer selbst. »Um Gottes willen, Frau Durittke, was ist passiert?« Sie sah mich mit starren, toten Augen an, stellte die Eimer hin — und plötzlich hing sie an meinem Hals und schluchzte und schluchzte: »Der Karl ist gefallen, heute kam die Nachricht. Nun ist alles zu Ende. Nun war alles umsonst — das ganze Leben.«

Jetzt, vier Monate später, sah ich Frau Durittke vor mir sitzen: Ihr Mann war zwei Tage vorher mit dem Volkssturm abmarschiert, die beiden Jungen waren gefallen. Warum sollte sie noch flüchten? Und wohin eigentlich? Ja wozu, so fragte auch ich mich. Ich trieb die verwirrte Versammlung zur Eile an, ging rasch hinaus, stieg auf mein Pferd und ritt die 7 km zurück zur Zentrale nach Quittainen. Der Schnee knirschte unter den Hufen, und die Straße spiegelte im Mondlicht; es mußten mindestens 15 Grad unter Null sein.

In Quittainen war Oberinspektor Klatt bereits benachrichtigt worden. Ich fand ihn in seinem Büro sitzend und düster vor sich hinblickend, während der Ortsgruppenleiter vor ihm stand und heftig auf ihn einredete. Es ging um die Flüchtlinge. Wir hatten seit dem Herbst über 400 Flüchtlinge aus der Goldaper Gegend in der Begüterung aufgenommen. Sie waren zu Haus aufgebrochen, kurz bevor die Russen im Oktober Goldap einnahmen, und gen Westen getreckt. Als es dann den deutschen Truppen im November gelang, Goldap und Nemmersdorf zurückzuerobern, waren sie mit ihrem Treck bei uns untergezogen und warteten seither auf das, was weiter geschehen würde. Damals gelangten übrigens zum ersten Mal dokumentarische Berichte über das, was sich abspielte, wenn die Russen einen Ort eroberten, an die Öffentlichkeit.

Man war in jenen Jahren so daran gewöhnt, daß alles, was durch offizielle Stellen veröffentlicht oder mitgeteilt wurde, gelogen war, daß ich zunächst auch die Bilder von Nemmersdorf für gefälscht hielt. Später stellte sich aber heraus, daß dies nicht der Fall war. Tatsächlich waren nackte Frauen in gekreuzigter Stellung ans Scheunentor genagelt, 12jährige Mädchen vergewaltigt worden. In Nemmersdorf fand man später ingesamt 62 Frauen und Kinder erschlagen in ihren Wohnungen auf. An den Bildern, auf denen man tote Frauen mit abgerissenen Kleidern in den Straßen und auf Dunghaufen liegen sah, war nichts gestellt.

Diese Goldaper Flüchtlinge hatten also den Winter bei uns verbracht und unsere Futterbestände kräftig reduziert. Mich besorgte das wenig, denn ich wußte ja, daß wir selbst sie nicht mehr aufbrauchen würden. Die Parteileitung aber schien dies zu beunruhigen, und so war einer dieser gescheiten Dummköpfe darauf verfallen, ausgerechnet Anfang Januar — man hörte schon das Donnern der Geschütze bei uns — die Männer mit den Pferden nach dem 250 km entfernten Goldap zurückzuschicken, damit das Futter dort an Ort und Stelle verwertet würde. So saßen wir nun also mit 380 Frauen und Kindern da, die ihre Wagen von neuem bepackten, sie aber nicht bewegen konnten, weil die Männer mit den Pferden weggeschickt und inzwischen wahrscheinlich längst von der russischen Front überrollt worden waren.

Um diese Situation, die zwangsläufig eintreten mußte, abzuwenden, hatte ich den Bürgermeistern der Gegend zwei Tage zuvor vorgeschlagen, wir sollten den Goldapern unsere Trecker zur Verfügung stellen, ihre Wagen dahinterhängen und sie so rasch wie möglich losschicken, damit wir sie erst einmal aus dem Wege hätten. Aber die Bürgermeister hatten tausend Bedenken: wir würden, so meinten sie, die Trecker zur Frühjahrsbestellung brauchen, und wer weiß, ob sie ordnungsgemäß zurückkämen ... So war dieser Plan nicht zur Ausführung gelangt.

Nun also stand der Ortsgruppenleiter vor uns und erklärte, seine Weisung sei, dafür zu sorgen, daß wir die Flüchtlinge mitnähmen — was natürlich vollkommen ausgeschlossen war. Nur über seine Leiche, so sagte er, würden wir ohne sie aufbrechen. Oberinspektor Klatt, ein großer, schwerer Mann mit roten Backen und blondem, in der Mitte gescheiteltem Haar, galt in der ganzen Gegend als hervorragender Fachmann. Überall wurde er als Sachverständiger herangezogen. Zu gern hätten die Nazis ihn als einen der ihren reklamiert und zum Kreisbauernführer gemacht. Zweimal war er in ebenso schmeichelhafter wie nachdrücklicher Weise von ihnen aufgefordert worden, der Partei beizutreten, aber er hatte beide Male einen Grund gefunden, abzulehnen. Sein Kommentar: »Ich will mit diesen Halunken nuscht zu tun haben.« Jetzt erhob er sich, warf dem Funktionär, der im Zivilleben unser Krugwirt war, einen vernichtenden Blick zu und würdigte ihn keines weiteren Wortes.

Und dann liefen wir beide immer abwechselnd durch das nächtliche Dorf und beschworen die Leute, nur das Allernotwendigste mitzunehmen. Aber unsere Ratschläge und Weisungen gingen unter in dem allgemeinen Chaos, dem auch all meine Vorbereitungen zum Opfer fielen. Bei mir lag seit Monaten eine Art »Mob-Plan« im Schreibtisch. Da war genau verzeichnet, wer von den noch vorhandenen Männern auf welchem Gut welche Wagen fahren sollte. Was jede Familie maximal mitnehmen dürfe und was als Minimum unbedingt erforderlich schien. Ich hatte heimlich Meßtischblatt-Karten vervielfältigen lassen, auf denen alle Landwege und die Fähren über Nogat und Weichsel verzeichnet waren. Jedes Gut sollte mehrere solcher Karten mit auf den Weg bekommen, denn, das war klar, es würde schwierig sein, über die Flüsse zu kommen, deren Brücken dann vermutlich längst von der einen oder von der anderen Seite der Front zerstört sein würden.

Alle diese Vorbereitungen wurden nun einfach über den Haufen geworfen. Das Chaos war so groß, daß es vollkommen sinnlos gewesen wäre, angesichts der allgemeinen Kopflosigkeit und Verzweiflung diese Pläne überhaupt noch hervorholen zu wollen. Auch war es gar nicht mehr möglich, mit den anderen Gütern Verbindung aufzunehmen, um, wie vorgesehen, alle gemeinsam loszutrecken. Würden wir die andern unterwegs treffen? Würde man überhaupt irgend jemand je wiedersehen? Ich muß noch einmal – zum letzten Mal – hier die Namen der Gutshöfe niederschreiben, alle diese schönen Namen, die nun keiner mehr nennt, damit sie wenigstens irgendwo verzeichnet sind: Quittainen, Comthurhof, Pergusen, Weinings, Hartwigs, Mäken, Skolmen, Lägs, Amalienhof, Schönau, Gr. Thierbach, Kl. Thierbach, Nauten, Canditten, Einhöfen.

Man hatte sich damals so daran gewöhnt, mit dem Krieg und den Absurditäten der Nazis zu leben, daß man, ohne es eigentlich recht zu merken, auf zwei verschiedenen Ebenen dachte und handelte. Zwei Ebenen, die sich ständig ineinander verschoben, obgleich eine eigentlich die andere ausschloß. So wußte ich zwar seit Jahren (nicht erst seit Ausbruch des Krieges, sondern seit ich in Frankfurt studierte, damals, als jener die Macht ergriff), daß Ostpreußen eines Tages verloren sein würde. Und doch lebte man so, als ob . . . als ob alles so weiterginge, als ob alles darauf ankäme, den Besitz wohlbehalten und verbessert an die nächste Generation weiterzureichen. Bei jedem Haus, jeder Scheune, die wir bauten, bei jeder neuen Maschine, die angeschafft wurde, pflegten wir Geschwister untereinander zu sagen: »Die Russen werden sich freuen«. Obgleich man also von der Sinn- und Zukunftslosigkeit des Ganzen überzeugt war, wurde die Gegenwart genauso wichtig genommen wie je. Man konnte außer sich geraten über einen unzweckmäßig ausgeführten Bau, eine unkorrekte Abrechnung, ein schlecht bestelltes Feld.

Seit Monaten wußten wir, daß der endgültige Abschied nun unmittelbar bevorstand. Aber als drei Tage vor dem Aufbruch meine Schwester mit Mann und Schwiegersohn, die für einen kurzen Urlaub zu Hause waren, aus der Nachbarschaft herüberkamen, da wurden die Schlitten angespannt, und wir fuhren auf Jagd. Einen ganzen Nachmittag lang glitten wir lautlos durch den frisch verschneiten Wald, spürten die Dickungen ab, fuhren durch den hohen Bestand von einem Revier zum anderen. Überall frische Fährten: Damwild, Hasen, ein starker Keiler. Nur um den Keiler ging es an diesem Nachmittag, so als wäre dies eine Jagd wie eh und je. Und als schließlich ein Damspießer »angeschweißt« worden war, wurde eine stundenlange sachgerechte Suche veranstaltet. Zu dieser Zeit verbluteten Zehntausende deutscher und russischer Soldaten im Schnee und Eis dieses erbarmungslosen Winters.

Eine sehr wichtige Neuigkeit erfuhr ich an diesem Tage — und nichts war so entscheidend in jener Zeit wie »im Bilde zu sein« . . . Bis zum 20. Juli war ich im fernen Ostpreußen über die Lage meist besser orientiert gewesen als wahrscheinlich große Teile der Führung, die zwischen eigener Propaganda und Realität, zwischen Illusion und Wirklichkeit längst nicht mehr zu unterscheiden vermochten. Aber nach dem 20. Juli, an dem alle Freunde verhaftet worden waren und ich in große Schwierigkeiten geriet, fehlten mir einfach die Nachrichten.

An jenem Tage also brachte die Verwandtschaft folgende Neuigkeit mit: »Der Führer« hatte die drei wichtigsten Leute in der Operationsabteilung — die wir zufällig alle drei persönlich kannten — verhaften lassen. Und zwar hatte sich das so abgespielt: Mitte Januar war die russische Offensive als eine Art Zangenbewegung losgegangen. Die nördliche Stoßrichtung zielte auf Ostpreußen, und es gelang den Russen, innerhalb von 8 Tagen von Ostrolenka über Allenstein bis ans Frische Haff durchzustoßen, wo die Panzerspitze am 21. Januar anlangte und die Provinz vom übrigen Deutschland abschnitt; der südliche Teil der Zange hatte sich schon am 12. Januar an der Baranow-Front Richtung Warschau in Bewegung gesetzt.

In diesen Tagen des totalen Zusammenbruchs der Ostfront, in denen niemand ein klares Bild der Lage hatte, erhielt Oberstleutnant von Christen, der in der Operationsabteilung in Zossen saß, aus Krakau die Meldung, Warschau sei gefallen. Er gab den Wortlaut an Oberstleutnant von Knesebeck, den I A der Operationsabteilung, weiter, und dieser erstattete Oberst von Bonin, dem Chef der Abteilung, Meldung. Diese Nachricht war nun aber den wirklichen Ereignissen vorausgeeilt — erst zwei Tage später sollte Warschau fallen. Als Hitler die Boninsche Meldung erfuhr und mit Hilfe eines zweiten Telefongesprächs feststellte, daß sie unzutreffend war, ließ er die drei zufällig Beteiligten verhaften und beraubte damit die Operationsabteilung ihres Kopfes — mitten in der ebenso entscheidenden wie verzweifelten Endphase.

Diese Geschichte zu erfahren, die natürlich nirgends zu lesen war, erschien mir in der Tat sehr wichtig, zeigte sie doch, daß das Ende nicht mehr fern sein konnte. Wer den Chef seiner Operationsabteilung mitten in der Krise wegen Defaitismus verhaften ließ, weil jener eine ordnungsgemäß empfangene Meldung weitergegeben hatte, der mußte doch wohl selbst das Gefühl haben, daß das Ende nahe sei.

Diese merkwürdige Mentalität der Nationalsozialisten: das Unmögliche zu wollen, die fehlenden Kräfte durch Illusionen zu ersetzen und jeden, der diese Illusionen nicht teilte, als Verräter zu behandeln, diese Methode hatte gerade in jenen Januartagen erstaunliche Blüten getrieben. Als die Not am größten war und die irrsinnige oberste Führung ihre Quittung augenfällig präsentiert bekam, begann der »größte Feldherr aller Zeiten« wild um sich zu schlagen, Soldaten wurden erschossen und Generale abgesetzt. In jenen verzweifelt kritischen Januartagen, in denen viele Hunderttausend Deutsche — Soldaten und Zivilisten — umkamen, hat Hitler einen Heerführer nach dem anderen ausgewechselt: Generaloberst Reinhard, Oberbefehlshaber der Heeresgruppe Nord, wurde durch Generaloberst Rendulic ersetzt, Generaloberst Harpe, Oberbefehlshaber der Heeresgruppe A, durch General Schörner. Abgesetzt wurden ferner General Hossbach, Oberbefehlshaber der 4. Armee, und General Mattern. Heinrich Himmler schließlich, der nie etwas mit Strategie zu tun gehabt hatte, wurde am 23. Januar zum Oberbefehlshaber der neugeschaffenen »Heeresgruppe Weichsel« ernannt, die freilich mehr auf dem Papier als in Wirklichkeit existierte.

Doch zurück zu unserem Aufbruch und der Flucht. Auch ich hatte schnell, was mir am unentbehrlichsten schien, in einen Rucksack zusammengepackt: etwas Kleidung und ein paar Photographien und Papiere. Eine Satteltasche mit Waschsachen, Verbandzeug und meinem alten spanischen Kruzifix lag ohnehin, fertig gepackt, stets griffbereit. Trudchen, meine Köchin, hatte schnell noch Abendbrot gemacht, das wir gemeinsam verzehrten, auch die beiden Sekretärinnen stießen dazu. Fräulein Markowski, die ältere, sehr tüchtige, war eine begeisterte Anhängerin des Führers, die jahrelang jede Sondermeldung bejubelt hatte — jetzt war sie sehr still, aber ich bin überzeugt, daß sie sich fragte, ob nicht doch die Ungläubigen und »Verräter« an diesem Debakel Schuld seien. Für sie hat sich diese Frage wahrscheinlich nie geklärt, denn die arme Person ist nach Danzig geraten und hat dort die Gustloff bestiegen, die, am 30. Januar vor Stolp von russischen U-Booten torpediert, mit 6000 Flüchtlingen und Soldaten an Bord unterging. Die Gustloff war eines der vier zu Transportern umgebauten ehemaligen Passagierschiffe, die damals vor Danzig lagen und die nach Lübeck beordert wurden, als Dönitz den Befehl zur Räumung der Danziger Bucht erteilte. Sie hatten die Weisung, bei dieser Gelegenheit so viele Flüchtlinge wie irgendmöglich in den Westen mitzunehmen. Das gleiche Schicksal wie die Gustloff ereilte den 17 000 to großen ehemaligen Luxusdampfer »General Steuben«, der, Kopf an Kopf mit Verwundeten belegt, auf dem Wege von Pillau nach dem Westen eine Woche später ebenfalls sank.

Wir aßen also noch rasch zusammen: wer weiß, wann man wieder etwas bekommen würde . . . Dann standen wir auf, ließen Speisen und Silber auf dem Tisch zurück und gingen zum letzten Mal durch die

Haustür, ohne sie zu verschließen. Es war Mitternacht.

Draußen hatte sich inzwischen der Treck formiert. Ich lief in den Stall, machte mein Reitpferd fertig, von dem ich wußte, daß es allen Strapazen gewachsen sein würde, und trug dem Kutscher auf, meine sehr geliebte Draulitter Schimmelstute an seinen Wagen anzuhängen. Aber der Alte hat diesen Auftrag in seiner Aufregung vergessen, und so blieb sie zusammen mit allen anderen Tieren zurück.

Bis Pr. Holland waren es von Quittainen nur 11 km. Eine gute Stunde Fahrzeit, so rechneten wir normalerweise. An diesem Tag brauchten wir sechs Stunden. Die Straßen glichen spiegelblankem Eis, die Pferde rutschten, das Coupé, in das wir zwei Kranke verladen hatten, stand dauernd quer zur Fahrtrichtung. Aus allen Nebenstraßen kamen sie gequollen und verstopften die Kreuzungen, und einen Kilometer vor der Stadt kam alles endgültig zum Stillstand. Wir standen über zwei Stunden, ohne auch nur einen Zentimeter vorzurücken. Schließlich ritt ich in den Ort, um einmal zu sehen, was dort eigentlich los sei. Auch interessierte mich sehr, was wohl die braunen Funktionäre, die noch vor drei Tagen alle Fluchtvorbereitungen für Defaitismus gehalten hatten und schwer hatten bestrafen wollen, jetzt wohl täten.

Ich wand mich durch die Fülle der Wagen und Menschen hindurch zur Kreisleitung der NSDAP. Alle Türen standen offen, verkohltes Papier wirbelte in der Zugluft umher. Auf dem Boden lagen Akten.

Alle Zimmer waren leer. »Die sind natürlich als erste weg, die Schweine«, sagte ein Bauer, der gleich mir dort herumstöberte. Ja, sie waren weg. Und bald würden sie gottlob alle weg sein. Aber welch ein Preis! Wie vieles wäre uns erspart geblieben, wenn die Tat vom 20. Juli — vor sechs Monaten — geglückt wäre, so mußte ich denken.

Die Stadt wirkte wie eine blockierte Drehscheibe: von zwei Seiten waren die Trecks hereingefahren, hatten das Ganze verstopft, und nun ging es weder vor noch zurück. Ich ging zur Post, und siehe da, die gute alte Post funktionierte noch. Während draußen das Chaos an ihre Mauern brandete und die »Führer« das Weite gesucht hatten, saßen die alten Angestellten auf ihren Plätzen.

Ich konnte sogar noch mit Friedrichstein telefonieren, das 120 km weiter östlich, jenseits Königsberg, lag. Dort war die Situation noch normal, von jener abnormen Normalität, die unser Leben schon so lange charakterisierte. Jedenfalls hatten sie dort noch keinen Räumungsbefehl erhalten. Übrigens sollten sie auch nie einen bekommen. Für sie war es ohnehin zu spät. Gerade zu der Zeit, als ich telefonierte, stieß die russische Panzerspitze 25 km vor uns von Süden zum Frischen Haff durch. Ostpreußen war abgeschnitten, und für die, die nicht wie wir in den westlichen Grenzkreisen saßen, erübrigte sich daher der Räumungsbefehl. Ihnen blieb nur noch der Weg über das zugefrorene Haff.

Als ich nach zwei Stunden wieder bei unserem Treck anlangte, waren alle schon total durchgefroren und verzweifelt. Es waren 20 Grad Kälte. Auch Herr Klatt hielt dieses Unternehmen für völlig zwecklos. »Wenn wir doch unter die Russen fallen, dann schon lieber zu Haus« — das war so etwa die Formel, auf die sich alle geeinigt hatten. Und noch etwas anderes hatten sie alle miteinander inzwischen beschlossen: daß ich versuchen sollte, mit meinem Pferd nach Westen durchzukommen, denn mich würden die Russen bestimmt erschießen, während sie selber nun eben in Zukunft für die Russen die Kühe melken und die Scheunen ausdreschen würden. Wie irrig die Vorstellung war, daß den Arbeitern nichts geschehen würde, ahnten weder sie noch ich damals.

Kein großer Abschied. Ich bestieg rasch meinen Fuchs, überlegte nur einen Moment, ob ich das Handpferd zum Wechseln mitnehmen sollte: eine derbe, gut gezogene, schwarzbraune, vierjährige Stute. Während ich noch überlegte, trat ein Soldat auf mich zu. Er hatte merkwürdigerweise einen Sattel unter dem Arm und fragte, ob er das Pferd reiten dürfe. Also machten wir uns gemeinsam auf den Weg.

Wir sprachen kaum ein Wort miteinander — jeder hatte seine eigenen Gedanken und Sorgen. Den ganzen Tag über ritten wir und hatten dabei immer das Gefühl, in einer »Schlange« zu stehen: vor uns, hinter uns, neben uns Leute, Pferde, Wagen. Hin und wieder sah man ein bekanntes Gesicht oder las den Namen eines bekannten Gutes auf einer kleinen Tafel, die an einem Wagen baumelte. Hinter dem

Städtchen Pr. Holland begegneten wir kleinen Handwerkern und Ladenbesitzern, die sich mit einem Handwagen aufgemacht hatten, in dem die Großmutter saß oder auf dem sie ihre Habe untergebracht hatten. Mein Gott, was für Bilder. Und wo wollten eigentlich all diese Menschen hin? Wollten sie sich wirklich hunderte, vielleicht tausend Kilometer in dieser Weise fortbewegen?

Es war längst Nacht. Wir saßen seit mehr als zehn Stunden auf den Pferden und waren noch immer nicht in Elbing. Das Vorwärtskommen wurde immer schwieriger, weil jetzt in unsere Ost-West-Bewegung von Südosten flüchtende Trosse hineinstießen: niedrige Wagen mit Panje-Pferden bespannt, die Munition und Gerät beförderten; später auch Panzer, die alle Flüchtlingsfahrzeuge erbarmungslos in die Chausseegräben drängten, wo dann viele umstürzten und zerbrachen.

Plötzlich hielt uns ein Offizier an, der in der Mitte der Straße stand: wie ein Fels mitten im Fluß, und nach flüchtenden Soldaten Ausschau hielt. Er hatte trotz der Dunkelheit erkannt, daß mein Begleiter Uniform trug. »Was, Urlaub? Das gibts nicht mehr.« Auch meine Bemühungen, ihn zu überreden, waren völlig vergebens. Der Soldat mußte absteigen, verschwand im Dunkeln, und ich stand plötzlich da mit meinem Handpferd, das sich wie ein Kalb, das zum Schlächter geführt werden soll, ziehen ließ. Gar nicht daran zu denken, daß ich mich tagelang so würde fortbewegen können. Ich war recht ratlos: stehenbleiben konnte man nicht, vorwärts wollte die Stute

Auffahrt zur Ruine von Schloß Finckenstein. Das berühmte Barockschloß befand sich zuletzt im Besitz der Familie Dohna-Schlobitten.

Wappengiebel von Schloß Finckenstein.

Ruine der Burg Schönberg, von 1699 bis 1945 im Besitz der Grafen von Finckenstein.

Vorherige Doppelseite: Blick über die Nogat auf die Marienburg.

Links: Die Ruine von Schönberg wurde mit erheblichen Mitteln stabilisiert, um sie vor weiteren Verfall zu retten.

Teilansicht der Ruine des Gutshauses Schlodien. Bis 1945 im Besitz der Familie Dohna-Schlodien.

Ruine des Barockschlosses Schlobitten, das sich bis 1945 im Besitz der Familie Dohna-Schlobitten befand.

Das Dohna'sche Schlößchen in Mohrungen, ehemaliger Besitz der Burggrafen und Grafen zu Dohna.

Vorherige Doppelseite: Blick auf den Müskendorfer See bei Konitz.

nicht. Da hörte ich plötzlich in der Dunkelheit meinen Namen rufen, blickte in das Menschengewühl und sah drei Quittainer, darunter Georg, den 15jährigen Sohn unseres Forstmeisters. Sie hatten sich per Rad aufgemacht. Was für ein Glück: Org mußte sein Rad an einen Chausseebaum stellen und erklomm die Schwarzbraune.

Wir hatten ausgemacht, alle vier zusammen Rast zu machen auf einem Hof, den ich kannte, kurz vor Elbing. Dort trafen wir uns. Die Besitzer waren schon weg und Militär im Hause. Nach ein paar Stunden Ruhe wurde es mir ungemütlich: die von Südosten kommenden Trosse waren so sehr eilig gewesen. Es war zwei Uhr morgens. Ich weckte die anderen, schraubte den beiden Pferden neue, scharfe Stollen unter, ohne die man sich bei dieser Glätte gar nicht fortbewegen konnte, und ging zu dem Telefonisten, den ich beim Ankommen in einer improvisierten Schreibstube hatte sitzen sehen, um etwas über die Lage zu erfahren. »Was, Sie sind noch hier? Sie müssen sofort weg. Wir haben eben Befehl bekommen, die Brücke zu sprengen. Machen Sie rasch, daß sie noch drüber kommen.«

Wieder eisig kalt. Und wieder »die Schlange«, in die wir uns einreihten. Und nach 18 Stunden wieder ein paar Stunden Schlaf, aus dem ich durch eine Stimme geweckt wurde, die laut und monoton rief: »Alle raus, die Russen sind in . . .«. Wir hatten dieses Dorf, dessen Name mir entfallen ist, als letztes passiert, ich wußte also, daß es nur 3 km entfernt war. Es war der Bürgermeister, dem das Haus gehörte, und der eben diese Nachricht bekommen hatte. Ich weckte Org, und wir versuchten gemeinsam, die Soldaten wach zu bekommen, die im Vorraum auf dem Fußboden schliefen. Vollkommen vergeblich.

Ganz langsam, im Zeitlupentempo — so als sollten die Bilder sich noch einmal ganz fest einprägen — zog ostpreußische Landschaft wie die Kulisse eines surrealistischen Films an uns vorüber. Elbing, Marienburg, mit dessen Geschichte meine Familie mehrfach verbunden war, und dann Dirschau. Dirschau sah aus wie eine gigantische Bühne für eine Freilichtaufführung von Wallensteins Lager: Menschen über Menschen in den wunderlichsten Kostümen. Hier und da Feuer, an denen abgekocht wurde. Der Kanonendonner war jetzt schon ganz nah, manchmal schienen alle Häuser zu wackeln. Wir krochen am Rande der Stadt in einem Hof unter. Während der eine auf einem Sofa schlief, mußte der andere im Stall bei den Pferden wachen — denn ein Pferd war in diesen Zeiten ein Königreich wert. Aber es war keine rechte Ruhe, die ganze Zeit zogen Leute durch das Haus, nahmen ein Kissen mit oder ein Handtuch, öffneten ein Weckglas, auch wir hatten hier in der Vorratskammer zum erstenmal wieder richtig gegessen.

Mich kroch plötzlich der ganze Jammer der Menschheit an, und ich begann zu bereuen, daß ich nicht mit unseren Leuten zusammen nach Hause zurückgekehrt war. Der Gedanke, zu versuchen, jenen Entschluß zu revidieren, vielleicht jetzt noch von diesem laufenden Band abzuspringen, erschien mir plötzlich faszinierend: Wenn Züge noch hin und wieder voll nach Westen gingen — würden nicht vielleicht andere leer nach Osten fahren? Vielleicht könnte ich nach Königsberg und von dort nach Friedrichstein. Ich ging zum Bahnhof. Auch hier wieder Tausende von Menschen. Natürlich kein Schalter offen, keine Auskunft, nichts. Schließlich fand ich einen Beamten: »Was, nach Königsberg?« Er sah mich an, als wollte ich zum Mond reisen, und schüttelte den Kopf. — Nein, nach Osten fuhr keiner mehr.

In Dirschau waren mir meine pelzgefütterten Handschuhe gestohlen worden — wahrscheinlich hatte ich sie irgendwo einen Moment aus der Hand gelegt und dann nicht gleich wieder an sie gedacht. Das war ein harter Schlag mit ungeahnten Konsequenzen. Gar nicht daran zu denken, irgendwoher ein anderes Paar zu beschaffen. Und gar nicht daran zu denken, bei 20 Grad Kälte ohne Handschuhe zu reiten. Merkwürdige Zeiten, in denen das Überleben davon abhängt, ob man Handschuhe hat oder nicht. Da ich zwei Paar Skisocken übereinander angezogen hatte, ließ ich ein Paar zu Handschuhen avancieren. Aber der Wind pfiff durch das gestrickte Zeug wie durch ein Sieb.

Auf unserer Karte hatten wir festgestellt, daß es durchaus möglich sein müßte, auf Landwegen westwärts vorzudringen und auf diese Weise aus dem Flüchtlingsstrom herauszukommen, der sich mit einer Geschwindigkeit von nur zwei, höchstens drei km in der Stunde fortbewegte. Oft stand man innerhalb einer Stunde mehr als man in Bewegung war.

Das passierte immer dann, wenn ein Ort vor uns lag, Seitenstraßen einmündeten, oder Wagen zusammengebrochen waren. Den Versuch, in solchen Fällen mit unseren Pferden einfach auf den Acker auszuweichen, hatten wir sehr bald aufgeben müssen, die Schneeverwehungen waren zu groß.

Landwege — eine geradezu erlösende Vorstellung. Weg von dieser Landschaft des Jammers und der Verzweiflung. Erst ging es auch ganz gut, aber die Länge brachte die Last. Vor allem für die Pferde, die immer wieder bis an den Bauch in Schneewehen gerieten. Es wurde immer dunkler. Dörfer gab es hier im Kaschubischen Land, einem Teil des ehemaligen polnischen Korridors, offenbar nicht, nur einzelne Gehöfte, deren Bewohner kein Deutsch verstanden. Und schließlich war plötzlich auch kein Weg mehr zu sehen. Org war sehr verzweifelt. Der Arme hatte fürchterliche Reitschmerzen, weil er das Reiten nicht gewohnt war, auch hatte er sich beide Ohren angefroren — bei mir waren an jeder Hand zwei Finger steif, die in den nächsten Tagen aufbrachen und arg schmerzten.

Wir mußten unbedingt einen Gutshof finden, schon um richtig abfuttern zu können. Ich stieg ab und betrat eine jener ziemlich armseligen Katen. Die Familie saß bei einer Petroleumlampe und löffelte Milchsuppe. Sie sahen mich alle ganz entsetzt an, hielten mich wohl für den ersten Vorboten der Kriegsfurie. Die Verständigung war schwierig, aber soviel bekam ich doch heraus, daß etwa 3 km entfernt ein großes Gut sei. Schließlich nahm der rührende Mann sogar die Stallaterne und marschierte uns voran über den Hügel bis zur nächsten Kate, und von dort brachte sein Nachbar uns über den nächsten Hügel, und dann sah man auch schon den Weg und das Gut.

Das Gut gehörte einem Herrn Schnee. Hafer gab es über Erwarten reichlich — als Schlafstätte aber wie gewöhnlich nur den Fußboden der Wohnstube, wo schon etwa 20 Personen, offenbar alles Leute aus dem ›Korridor‹ und dem Warthegau, die sich größtenteils untereinander kannten, zusammengefunden hatten. Sie sprachen viel von ihren Erinnerungen nach dem ersten Weltkrieg, bei denen es offenbar nicht an polnischen Greueln gefehlt hatte. Nachdem ich mich mit einem Beitrag über deutsche Greuel reichlich unbeliebt gemacht hatte, schlief ich rasch ein.

Meine Hoffnung, im Hause Schnee würden sich vielleicht ein Paar Handschuhe auftreiben lassen, war leider trügerisch. Sie hatten schon alles Entbehrliche abgegeben. Aber ich bekam eine dicke Gardine zugeteilt, Nadel und Faden, und war nun einen halben Tag damit beschäftigt, mir Handschuhe zu nähen. Und Org bekam glücklicherweise eine Pelzmütze, außen weiß und innen Fell. Glücklicherweise, denn die Tage, die nun kamen, waren schlimmer als alles, was wir bisher erlebt hatten.

Das Thermometer war noch weiter gesunken, und dazu hatte sich — was bei großer Kälte eigentlich selten vorkommt — ein orkanartiger Ostwind aufgemacht. Als wir endlich, fertig ausgerüstet, den

Hof verließen und einen geschützten Hohlweg hochritten, sahen wir in der Ferne jenseits eines Feldes wieder den großen Heerwurm auf der Landstraße vor uns. Es schneite nicht, aber die ganze Luft wirbelte von Schnee. Wie durch einen dicken weißen Schleier sah man die unglücklichen Menschen langsam, ganz langsam vorwärts kriechen, die Mäntel vom Winde vorwärtsgepeitscht, viele Dachkonstruktionen der Treckwagen waren zusammengebrochen. Wir reihten uns ein in diesen Gespensterzug und sahen die ersten Toten am Weg liegen. Niemand hatte die Kraft, die Zeit oder die Möglichkeit, sie zu begraben.

Und so ging es tagelang — wochenlang. Von rechts und links stießen immer neue Fahrzeuge, immer mehr Menschen hinzu. Und nicht nur hier im Nordosten; schon seit dem vergangenen Herbst die gleichen Bilder im Südosten Deutschlands: Trecks und wieder Trecks. Aus Bessarabien, dem Banat, aus Siebenbürgen und der Batschka, aus uralten deutschen Siedlungsgebieten wälzten sich diese Elendszüge westwärts. Hinter ihnen brannte die Heimat, und wer sich entschlossen hatte zu bleiben, den hatte sein Schicksal längst ereilt. 700 Jahre Geschichte auch in Siebenbürgen ausgelöscht.

Viele dieser Bilder werde ich nie vergessen. Irgendwo unterwegs — ich glaube zwischen Bütow und Berent — war eine Stelle, wo man 3 km voraus und 3 km zurück die schnurgerade Chaussee überblicken konnte. Auf diesen 6 km sah ich keinen Quadratmeter Straße, nur Wagen, Pferde, Menschen und

Elend. Niemand sprach. Man hörte nur das Knirschen der allmählich trocken werdenden Räder.

Ein anderes Bild: Es war wohl noch in Ostpreußen, da kamen eines Tages drei Panzer, die behangen waren mit Flüchtlingen — Frauen und Kindern, die Säcke und Koffer bei sich hatten, Zivil und Militär — diese Verschmelzung von Normalem und Unnormalem, von Zerstören- und Überlebenwollen, hatte ich noch nie gesehen. Es sah gespenstisch aus. Sie hielten aus irgendeinem Grunde einen Moment an. Ein Bauer sagte: »Ihr solltet lieber die Russen aufhalten, anstatt uns hier von der Straße zu drängen.« Einer der Soldaten, ein wilder Kerl, dem das schwarzweiß-rote Band aus dem Knopfloch flatterte, schrie ihn an: »Wir haben genug von dieser Scheiße!«

Und einmal, wir kamen gerade ein bißchen besser voran und waren an vielen Wagen vorbeigeritten, sahen wir plötzlich nur noch französische Gefangene. Es waren Hunderte und aber Hunderte, vielleicht Tausende. Viele hatten unter ihre Pappköfferchen zwei Holzleisten als Kufen genagelt und zogen ihr Gepäck an einem Bindfaden hinter sich her. Sie sprachen kein Wort. Man hörte nur das kratzende, scharrende Geräusch der Kästen und Koffer. Und rundherum endlose Schnee-Einsamkeit wie beim Rückzug der Grande Armée vor 130 Jahren.

Und noch ein unvergeßlicher Eindruck: Wir waren seit etwa 14 Tagen unterwegs, da kamen wir eines abends in Varzin an, einem großen Besitz im Kreise Rummelsburg, den der Kanzler Bismarck aus seiner

Dotation nach 1866 erworben hatte: prachtvolle große Wälder, eine vorbildlich geleitete Landwirtschaft.

Nogat und Weichsel lagen hinter uns, und ich hatte geglaubt, daß man hier erst einmal würde verweilen können. Endlich ankommen — ein erlösender Gedanke. Wir ritten durch das Parktor den etwas ansteigenden Weg zum Schloß hinauf. Oben vor dem Hauptportal stand ein Trecker und zwei große Gummiwagen, hoch bepackt mit Kisten. Also sind schon andere Trecks hier eingekehrt, dachte ich: hoffentlich ist noch Platz im Hause. Aber zu meiner größten Überraschung erfuhr ich, daß dies kein ostpreußisches Fluchtgepäck war, sondern vielmehr das Bismarcksche Archiv, das evakuiert werden sollte. Also auch hier Aufbruch. Und ich hatte immer geglaubt, hinter der Weichsel gäbe es Ruhe.

Damals lebte noch die Schwiegertochter des Kanzlers, eine kleine, feingliedrige, höchst amüsante uralte Dame, die in ihrer Jugend oft Anlaß zu mancherlei Stirnrunzeln gewesen war: Sie hatte Jagden geritten, Zigarren geraucht und sich durch Witz und Schlagfertigkeit ausgezeichnet.

Und sie war auch jetzt noch ungemein fesselnd, so fesselnd, daß ich mich nicht entschließen konnte — was durchaus geboten schien — am nächsten Tage weiterzuziehen. Also blieben wir zwei Tage. Zwei denkwürdige Tage. Draußen zogen die Flüchtlinge langsam durch das Land, und immer, wenn die letzten vorüber waren, schlossen sich Einheimische an und wurden selbst zu Flüchtlingen. Auch hier war man gerade an diesem Wendepunkt angelangt. Der Trecker, den wir hatten stehen sehen, war bereits ohne die alte Gräfin losgefahren, die nicht dazu zu bewegen war, Varzin zu verlassen. Alle Warnungen und Vorstellungen fruchteten nichts. Sie war sich ganz klar darüber, daß sie den Einmarsch der Russen nicht überleben würde. Sie wollte ihn auch nicht erleben und darum hatte sie im Park ein Grab ausheben lassen (weil dazu nachher niemand mehr Zeit haben würde).

Sie wollte in Varzin bleiben und sich bis zum letzten Moment an der Heimat freuen. Und das tat sie mit großer Grandezza. In ihrer Umgebung war alles wie immer. Der alte Diener, der auch nicht weg wollte, servierte bei Tisch. Es gab einen herrlichen Rotwein nach dem anderen — Jahrgänge, von denen man sonst nur in Ehrfurcht träumt. Mit keinem Wort wurde das, was draußen geschah und was noch bevorstand, erwähnt. Sie erzählte lebhaft und nuanciert von alten Zeiten, von ihrem Schwiegervater, vom kaiserlichen Hof und von der Zeit, da ihr Mann, Bill Bismarck, Oberpräsident von Ostpreußen gewesen war.

Als ich dann schließlich Abschied nahm und wir weiterritten, sah ich mich auf halbem Wege zum Gartentor noch einmal um. Sie stand gedankenverloren in der Haustür und winkte noch einmal mit einem sehr kleinen Taschentuch. Ich glaube, sie lächelte sogar — genau konnte ich es nicht sehen.

Wenige Tage später, es war auch in Pommern, etwas abseits der großen Straße, gegen Abend kamen wir wieder auf einem Gutshof an. Ich stieg ab, ging die Freitreppe hinauf und klingelte, während Org im Dämmerlicht die beiden Pferde hielt. Die Besitzer hatten die beiden Gestalten und ihre Pferde offenbar durch ein Fenster beobachtet. Ich trug eine hohe schwarze Pelzmütze und einen Pelz, der mit grau-grünem Tuch bezogen war und von einem Gürtel zusammengehalten wurde. Mag sein, daß er ein wenig wie ein Offiziersmantel wirkte. Es war übrigens mein alter Fahrpelz, den ich mit Hilfe eines Taschenmessers in einen Reitpelz verwandelt hatte, das heißt, ich hatte ihn kurzerhand vom Saum bis zum Gürtel hinauf aufgeschlitzt.

Es dauerte merkwürdig lang, bis die Tür geöffnet wurde. Der Hausherr öffnete sie selbst. Sehr bleich, sehr konzentriert. Ich sagte, wer ich sei: immer noch Schweigen, keine Aufforderung, hereinzukommen. Dann drehte er sich plötzlich um und rief ins Treppenhaus hinauf: »Es sind nicht die Russen!« Und dann strömte die erleichterte Familie zusammen, und wir tauschten Gerüchte aus – denn Nachrichten hatten weder sie noch ich.

Das Haus war voller Flüchtlinge: Verwandte, Bekannte, zufällig Hereingeschneite wie wir. Es war eine lange Tafel am Abend, erleuchtet von ein paar Kerzen – elektrisch Licht gab es nicht mehr. Der Hausherr sprach mit großem Ernst das Tischgebet. Er saß an der Spitze des Tisches und teilte mit einer gewissen Feierlichkeit die Suppe aus. Die Wehmut des Abschieds schwang in allem mit, in jeder Geste, in jedem Wort, auch im Schweigen.

Waren östlich der Weichsel die Häuser und Scheunen, in denen wir für ein paar Stunden oder eine Nacht Unterkunft fanden, stets schon verlassen, so war im Gegensatz dazu in Pommern alles noch intakt — was man damals so »intakt« nannte. Aber die Einheimischen fürchteten, es könnte auch ihnen eines Tages so gehen wie uns — obgleich es mir ganz unvorstellbar erschien, daß auch die Pommern würden flüchten müssen.

Wie nahe die Stunde auch ihres Schicksals gerückt war, ahnten an jenem Abend weder sie noch ich. Es war Mitte Februar. Am 26. Februar trat General Schukow zum Angriff auf Pommern an. Am 28. Februar waren seine Panzer — Flüchtlinge und Einheimische niederwalzend — bereits in Köslin und Schlawe. Von den deutschen Panzern, die sie aufhalten sollten, hatte jeder noch zehn Granaten. Die Besatzungen waren todmüde und kämpften ohne Hoffnung. Gegen einen deutschen Panzer standen zehn russische.

Manch einer in Pommern hatte uns fast ein wenig neidisch zum Abschied gewinkt. Manch einer hätte gern wenigstens die Kinder und jungen Mädchen und ein paar Wertsachen mit uns auf den Weg geschickt. Aber auch hier wieder das gleiche: Es war streng verboten. Und Leute, die aus vermeintlichem Patriotismus denunzierten, gab es überall, darum wagte niemand, dem Verbot zuwiderzuhandeln. Noch nie hat der Führer eines Volkes so gründlich das Geschäft des Gegners betrieben, noch nie hat ein oberster Kriegsherr seine Soldaten durch so dilettantisches Führen selbst zu Hunderttausenden in den Tod getrieben; noch nie hat derjenige, der behauptete, Landesvater zu sein, sein Volk eigenhändig an die Schlachtbank geschmiedet und jedes Entrinnen verhindert. Er, der meinte, der deutsche Lebensraum sei zu klein, er, der ausgezogen war, ihn zu erweitern, hatte Millionen Deutscher ihrer vielhundertjährigen Heimat beraubt und Deutschland auf ein Minimum reduziert. Lange ehe der Krieg ausbrach, gab es in Berlin einen Witz, bei dem Stalin von seinem Gauleiter Hitler sprach.

An der Oder versuchten deutsche Truppen, das Eis zu sprengen, um auf diese Weise so etwas wie eine Panzersperre zu errichten. Es ging nicht. Dann versuchte man es mit Sägen, so wie es in meiner Kindheit überall auf dem Lande geschah, wenn »Eis gemacht wurde«, das dann in Kellern oder Mieten für den Sommer konserviert wurde. Aber auch das gelang nicht — bei fast 30 Grad Kälte froren die Stücke immer wieder zusammen, ehe man sie noch herausziehen konnte.

Als wir endlich kurz vor Stettin gelangt waren, schoß es so stark und, wie mir schien, so nah, daß ich nicht versuchen wollte, durch diese Mausefalle hindurchzugelangen — wir beschlossen, was viele Trecks taten, ganz herauf an die Küste und über die Inseln Usedom und Wollin zu reiten und dann durch Vorpommern und die Mark.

Einmal schlossen wir uns drei Offizieren an, die sich in der Gegend auskannten und auf Nebenstraßen zu einem Ziel strebten, in dessen Nähe auch ich gelangen wollte, weil ich dort einen Teil meiner Familie zu finden hoffte. Endlich den großen Treckstraßen entronnen. Unsere Pferde, durch die anderen animiert, schafften in drei Tagen 150 km. Aber als wir schließlich spät abends auf dem Gut in der Uckermark ankamen, stellte sich heraus, daß 800 polnische Offiziere in dieser Nacht dort Station machten und alle Gebäude, Haus, Ställe und Scheunen, belegt waren. Diese Unglücklichen hatten Jahre in irgendeinem großen Gefangenenlager zugebracht, und ein Teil von ihnen war jetzt beim Abtransport von den Russen überrollt worden. 1200 polnische Offiziere waren dabei geschnappt worden. Die restlichen Kameraden schienen sich düstere Vorstellungen von deren Schicksal zu machen, denn ihr einziges Sinnen und Trachten ging dahin, nach Westen zu entkommen. Wer alles in diesen Strudel des Untergangs mit hineingezogen wurde!

Selten hatte ich auf einen Moment so zugelebt wie auf das Wiedersehen mit meiner Schwägerin und den Kindern. Auch freute ich mich seit Wochen darauf, endlich einmal baden und andere Sachen anziehen zu können, denn meinen Rucksack hatte ich schon am zweiten Tag nach dem Aufbruch preisgegeben — weil er zu hinderlich gewesen war. Aber nun stellte sich heraus, daß die Familie seit drei Tagen weg war. Aufgebrochen, geflüchtet. Ich konnte es gar nicht fassen, daß man in der Gegend von Prenzlau flüchten mußte. Und wo würden eigentlich alle diese Menschen bleiben? Wovon leben?

Also ging es wieder weiter — »ankommen«, das

war offenbar eine Vokabel, die man aus seinem Wortschatz streichen mußte. Es ging weiter durch die Mark, durch Mecklenburg, Niedersachsen nach Westfalen. Drei große Flüsse, die einmal unser östliches Deutschland charakterisierten, hatte ich überquert: Weichsel, Oder und Elbe. Bei Vollmond war ich aufgebrochen, inzwischen war Neumond, wieder Vollmond und wieder Neumond geworden.

Im tiefsten Winter war ich zu Haus vom Hof geritten, als ich schließlich bei Metternichs in Vinsebeck in Westfalen ankam, war es Frühling. Die Vögel sangen. Hinter den Drillmaschinen staubte der trockne Acker. Alles rüstete sich zu neuem Beginn. Sollte das Leben wirklich weitergehen — so als sei nichts passiert?

RITT DURCH MASUREN

aufgeschrieben 1941 für meinen Bruder Dietrich

27. September 1941

Nach wochenlangem Regen der erste wirklich leuchtend klare Herbsttag! Sißi und ich treffen uns am Morgen in Allenstein auf der Verladerampe des Güterbahnhofes. Soldaten, Urlauber, militärische Transporte — ein zeitgemäßes Bild. Wir satteln noch im Waggon, denn beide Pferde sind so unruhig, daß sie — einmal ihrem Gefängnis entronnen — keinen Augenblick stillhalten würden. Die Mäntel werden, sachgemäß zu einem länglichen Wulst zusammengerollt, hintenaufgeschnallt, die Satteltaschen befestigt. Dann kommen die Pferde unter großem Gewieher und Geschnaube aus dem Waggon.

Wir müssen quer durch ganz Allenstein, um in Richtung Lanskerofen den Weg über Jommendorf — Reußen zu erreichen, eine aufregende Angelegenheit, denn bei jedem Lastwagen und jeder Elektrischen sprengt einer vor uns quer über die Straße. Endlich der ungewohnten Stadt entronnen, geht es gen Süden, zunächst noch auf einer Teerstraße, eingefaßt von Ebereschen, deren grellrote Beeren selbstbewußt und fröhlich den tiefblauen Himmel anstrahlen. Aber schon vor Reußen verlassen wir diese »Kunststraße« für eine Reihe von Tagen, während deren wir sie nur gelegentlich verächtlich kreuzen.

In Reußen erklimmen wir zwischen alten Holzhäusern einen steilen, sandigen Hang, und dann liegt vor uns, in allen Farben leuchtend, der riesige Komplex der südostpreußischen Forsten, in den wir jetzt eintauchen werden. Links ein blauer See, gesäumt von dunklen Fichten, rechts ein paar Kartoffelfeuer, deren Rauchsäule steil zum Himmel ansteigt, wie ein Gott wohlgefälliges Opfer, und davor eine Birke in der letzten Vollkommenheit ihrer herbstlichen Schönheit.

Solche Bilder: das Fallen der Blätter, die blaue Ferne, der Glanz der herbstlichen Sonne über den abgeernteten Feldern, das ist vielleicht das eigentliche Leben. Solche Bilder schaffen mehr Wirklichkeit als alles Tun und Handeln — nicht das Geschehene, das Geschaute formt und verwandelt uns.

Ich bin voller Erwartung. Was werden wir noch alles schauen in diesen Tagen der reifenden Vollendung. Ich weiß nicht, ob es Dir auch so geht, daß Du manchmal das Gefühl hast, ganz dicht davorzustehen, nur noch durch einen dünnen Schleier davon getrennt zu sein — wovon eigentlich? Von der Erkenntnis? der Wahrheit? dem Leben? ich weiß es nicht, aber ich ahne es und warte darauf mit jener Gewißheit, mit der man nur das Wunder erwartet.

Es ist unsagbar schön, auf diesem sandigen Boden zu traben, das Laub raschelt unter den Hufen — Buche und Eiche wechseln, dazwischen steht dann und wann eine Linde oder der rote Schaft einer Kiefer. An der Üstritz-Schleuse zwischen Lansker- und Üstritz-See begegnen wir einem Waldarbeiter, der uns den Weg zum Forstamt Lanskerofen zeigt. Das Forstamt liegt an einer unwahrscheinlich schönen, sehr einsamen Stelle des westlichen Lansker Sees. Es ist ganz neu gebaut. Fachwerk: weiß mit schwarzen Balken und einem tief heruntergezogenen Rohrdach. Wohnhaus und Stall gehen ineinander über, das Ganze, in Hufeisenform gebaut, bildet einen nur zum See hin offenen Hof mit einer Pumpe in der Mitte. Es ist sehr geschickt gemacht, ein wenig zu absichtlich bäuerliches Deutschtum.

Wir tränken die Pferde, und der nette Forstmeister, der eben für acht Tage von der Ostfront auf Urlaub gekommen ist, lädt uns zum Mittag ein und gibt uns ein paar landschaftliche Tips für die Weiterreise. Unter seiner Ägide entschließen wir uns denn auch endgültig für die östliche Tour, zumal er uns für die heutige Nacht bei seinem Kollegen in Hartwigswalde angesagt hat.

Dies ist der nördlichste Teil des Neidenburger Kreises – es ist echtes Masuren und wohl der ärmste Teil von Masuren. Hinter Dembenofen nach Ortelsburg zu wird der Boden immer leichter, Heidekraut und Sand, dann und wann eine krüppelige Kiefer und endlose flache Hügel mit grauem Steppengras. Es hat fast etwas Asiatisches, dieses Land – übrigens nennt auch unser Meßtischblatt einen der breiten Wege, auf dem wir ein langes Stück galoppieren, »Tatarenstraße«.

Es ist schwierig, sich in dieser Gegend zurechtzufinden, unzählige planlos angelegte und regellos benutzte Wege laufen durcheinander und sind mit unserer Karte nicht in Übereinstimmung zu bringen. Niemand fährt in der Spur des Vorgängers, jeder legt daneben einen neue Trace an, und weil »daneben« wieder ebensowenig wächst, findet dieses System nirgendwo eine Begrenzung. Schließlich landen wir schon im Dunkeln auf einer festen Straße und finden bald darauf das Forstamt Hartwigswalde, wo wir die Nacht zubringen sollen.

Der Forstmeister und seine Frau sind außerordentlich gastlich. Beide stammen aus dem Westen und sprechen daher etwas herablassend über die hiesige Bevölkerung, vorwiegend wohl deshalb, weil die Leute so ganz ohne Bedürfnis und ohne Ehrgeiz sind. Es ist offenbar schwierig, sie zur Arbeit zu bringen, weil ihnen der Antrieb des Verdienenwollens vollkommen fehlt. Sie tun grundsätzlich nur soviel, wie nötig ist, um gerade eben den Lebensunterhalt zusammenzubringen. Ganz selten kommt es vor, daß eines der Kinder in Stellung geht oder fortzieht, um weiterzukommen und mehr zu verdienen — ein, wie ich finde, höchst sympathischer Zug. Daß sie angeblich stehlen wie die Raben und ständig Streit miteinander haben, wundert einen nicht, wenn man hört, wie kärgliche Frucht ihnen der Acker trägt: an Roggen — etwas anderes wächst hier nicht — erntet man im Durchschnitt 4—6 Ztr. vom Morgen, Kartoffeln etwa 40—50 Ztr. Die Kühe, die kaum größer sind als ein jähriges Kalb bei uns, nähren sich kümmerlich von dem Steppengras und geben sicherlich nicht mehr als 3—4 Liter Milch am Tag.

28. September 1941

Wieder ist der Himmel blau, aber heute ist alles weiß bereift. Nachts waren 4 Grad Kälte, unsere Pferde sehen etwas mürrisch aus, weil ihnen das synthetische Mischfutter — Hafer gibt es hierzulande nicht — schlecht schmeckt, ein Umstand, der uns mit einigen Bedenken erfüllt. Der Forstmeister begleitet uns auf einem dicken schwarzen Roß noch ein Stück des Weges durch sein Revier: fast ausschließlich mäßiger Bestand, landschaftlich aber sehr schön — der Abnutzungssatz beträgt hier weniger als 3 Festmeter je ha, während wir in Quittainen mit 5,4 Festmetern rechnen.

Sonntägliche Stille liegt über dem Land und den beiden kleinen Dörfern, die wir passieren. Hinter Schuttschenofen verläßt uns unser Begleiter am Rande des erneut beginnenden großen Forstes, der sich von hier nach Osten fast ohne Unterbrechung über 80—90 km bis Johannisburg hinzieht. Ich empfinde eine große Zärtlichkeit für dieses karge Land und seine barfüßige Bevölkerung. Merkwürdig übrigens, wie die Lebensgewohnheiten dieser östlichen Völker, von der Ostsee bis zum Schwarzen Meer, überall die gleichen sind. Von Litauen bis hinunter zum Balkan findet man überall die gleichen Bilder: ausgewachsene Männer, die tagaus, tagein nichts anderes tun als mit einer armseligen Kuh umherzuziehen und sie irgendwo am Wald- oder Wegerand zu hüten.

Der Forstmeister, dem ich erzählte, daß ich in der Slowakei und den Karpathen oft Bauern gesehen habe, die viele Stunden über Land zum Markt wandern mit einem Hahn oder einem Stück Käse unter dem Arm, meinte, es sei hier nicht viel anders — er hätte im vorigen Jahr bei einem Bauern 40 Ztr. Kartoffeln bestellt, sie aber nie erhalten; der Mann, darüber zur Rede gestellt, sagte nur: »Wenn ich soll alles auf einmal verkaufen, womit ich gehen dann auf Markt?«

Wir gehen, um unsere Pferde zu entlasten, ein Stück zu Fuß, Richtung Paterschobensee, mehr oder weniger nach Gutdünken, denn unsere Karte läßt uns eine Weile im Stich. Als wir nach etwa einer Stunde aus dem Walde heraustreten, liegt der Schobensee wie eine persische Miniaturmalerei vor uns: türkisfarbener Himmel über tiefblauem Wasser und davor ein rötlich-gelber Acker. Es ist ein beseligendes Gefühl, so durch das herbstliche Land zu reiten, ganz leicht und beschwingt fühlt man sich, fern von aller heimatlichen Begrenzung und den Sorgen des Alltags. Unendlich fern ist sogar die Sorge um das, was kommen wird, die einen sonst doch auf Schritt und Tritt begleitet. Jetzt sind Sonne und Wind, der Hufschlag des Pferdes auf den sandigen Waldwegen und der Geruch von fallendem Laub und Kartoffelkraut unsere Welt und wir ein Teil derselben.

Bis zum Forstamt Reußwalde, wo wir abfuttern wollen, sind nur noch 10 km, die wir mehr oder weniger in leichtem Trab zurücklegen. Sißis Fuchs geht mit wunderbar taktmäßigen Bewegungen, völlig schwerelos schwebt er über den Boden, während mein ungefüges Schiff, dessen Widerrist mich um etwa 2 Kopf überragt, über jeden Kieselstein, zuweilen auch über seine eigenen Füße stolpert.

Wir sind jetzt wieder in fruchtbarere Zonen gelangt, auch der Wald ist wieder üppiger und abwechslungsreicher. Unsere Karte hat uns fehlerlos die Gestelle entlang zum Forstamt geführt, das hinter einer besonnten Kastanienallee jetzt vor uns auftaucht. Wie große Hände liegen die Blätter zwischen den Baumreihen auf dem Kiesweg.

Der Forstmeister, ein Junggeselle mittleren Alters, bewirtet uns und die Pferde aufs beste und gibt uns dann noch ein Stück das Geleit. Er sitzt, eine dicke Zigarre rauchend, eingerahmt von zwei gemütlichen Hamburger Muttels, die zu dem verwandtschaftlichen Zubehör seines Haushalts gehören, im »gelben Jagdwagen« und trabt, in eine Staubwolke gehüllt, in so beschleunigtem Tempo vor uns her, daß wir kaum zu folgen vermögen. An der Grenze seines Bereiches verläßt er uns und empfiehlt uns »Tante Hedwig« im Nachbarforstamt als nächtliche Bleibe.

Wieder endlose sandige Wege, Wald, Kartoffeläcker, Buchweizenfelder und wieder Wald. Gelegentlich ein Dorf oder ein paar einzelne Katen am Wege. Irgendwo unterwegs läuten die Glocken am Nachmittag. Ein Fuhrwerk mit Täufling und zahlreichen Paten mahlt sich mühsam durch den Sand. Später treffen wir im Ort den Pfarrer, ein hageres Männchen im Gehrock, den Rucksack mit seinem Talar auf dem Rücken.

Kurz nach Sonnenuntergang kommen wir am

Forstamt Friedrichsfelde an. Da außer Tante Hedwig, die selber Gast ist, alle Verantwortlichen fort sind, verhandeln wir zunächst mit dem Kutscher, der unsere Pferde bereitwillig einstellt und sie mit unmäßig viel Hafer versieht. Dann suche ich Tante Hedwig auf, um von ihr die Genehmigung zur Übernachtung auf dem Heuboden zu erwirken – übrigens nicht ganz ohne leichte Beängstigung, weil man sie uns als brummig und nicht sehr traitable geschildert hat. Zu meiner Verwunderung war sie keineswegs überrascht, schien es vielmehr vollkommen selbstverständlich zu finden, daß zwei Damen allein mitten in der Nacht zu Pferd in dieser gottverlassenen Gegend erschienen. Sie meinte sofort, es sei viel zu kalt, um auf dem Schuppen zu schlafen, wir sollten lieber hereinkommen. Also holten wir unsere Packtaschen und bekamen zwei Bettstellen mit Matratzen in der Wäschestube zugewiesen, auf denen wir, gewärmt durch unsere Mäntel, prächtig schliefen.

Das Forstamt liegt sehr einsam, am Saum einer langen, ringsum von Wald eingefaßten Wiese. Der Vollmond steht darüber, und seine Strahlen bauen über dem aufsteigenden Nebel eine leuchtende Brücke, auf der unsere Gedanken gen Osten wandern. Merkwürdig, zu denken, daß das gleiche Licht, welches die Stille und Einsamkeit dieser Wälder verklärt, über den blutigen Schlachtfeldern Rußlands steht.

Tante Hedwig hatte inzwischen Kartoffeln gebraten und empfing uns mit einem angenehm wärmenden Tee, als wir von unserm abendlichen Gang heimkehrten. Und da sie offenbar Gefallen an uns fand, fing sie an, aus ihrer Jugend zu erzählen. Von ihrer Heimat Sylt, von dem Großvater, der in den 30er Jahren des vorigen Jahrhunderts dort lebte, und den anderen Verwandten, die alle zur See fuhren, vom Nachbarn Numme, der vom Oberpräsidenten und dem Vertreter des Königlichen Ministeriums aus Berlin geringschätzig meinte: sin allens man dienstenkasten (Dienstleute). »Ja, auf Sylt, die waren meist Kapitäne«, sagte Tante Hedwig stolz, »sie kannten die Welt und alle Meere. Und Kultur hatten sie und waren vornehme, gebildete Menschen, bis die Badegäste kamen, da war alles vorbei, und jetzt ist Sylt eine Art Neu-Amerika.«

29. September 1941

Als wir aufbrechen, ist wieder alles weiß bereift, und wieder geht die Sonne am wolkenlosen Himmel strahlend auf. Erst gegen 10 Uhr wird es wärmer. Vor uns liegen die riesigen Forsten von Friedrichsfelde, Puppen und Johannisburg, die wir von West nach Ost durchqueren, bald auf den grünbegrasten Gestellen, bald auf kleinen verschwiegenen Sandwegen reitend. Es sind etwa 40 km, die wir auf diese Weise bis Rudzanny zurückzulegen haben.

Bald hinter dem Forstamt überqueren wir die Capacisca, eine viele Kilometer lange moorige Wiese, die sich bis nach Polen hineinzieht. Am Rande stehen ein paar junge Birken, von der Morgensonne beschienen, etwas weiter am Wege liegt ein kleines Förstergehöft, und dann sehen wir durch viele Stunden kein Haus, keine Menschen, nur Wald und immer wieder Wald. Wenn irgendwo ein Hügel aufsteigt, dann reiten wir hinauf und sehen über die unendlichen grünen Flächen, in die das Gold der Birken und das Rot der Eichen hineingewoben ist. Dann und wann zieht ein Raubvogel seine Kreise am blauen Gewölbe, ein paar Tauben streichen flügelschlagend ab.

Gegen Mittag kommen wir bei Kurwien an den Niedersee und wenden uns nunmehr nordwärts, dem eigentlichen Seengebiet zu. Zunächst über Kreuzofen und Rudzanny. Die Orte hier machen den Eindruck typischer Fischerdörfer und haben viel Ähnlichkeit mit der Nehrung. Schön ist der See, aber vor Rudzanny wird es scheußlich belebt, ein harter breiter Kiesweg, Telefonleitungen, schließlich sogar eine Asphaltstraße. Trotz unserem antizivilisatorischen Hochmut ist der Gedanke an ein warmes Mittag stärker als alle Vorurteile, und wir kehren im Kurhaus Niedersee ein, lassen die Pferde auf dem Rasen weiden, und essen, in der Sonne sitzend, ein köstliches Schnitzel, vor uns den langgestreckten blauen Niedersee.

Der weitere Verlauf des Tages stimmt uns etwas bedenklich. Wir haben nämlich beschlossen, den Beldahn-See — da dies der reizvollere Weg zu sein scheint — auf der Ostseite heraufzureiten, und dies wiederum bedeutet, daß wir am Ende des Sees eine Fähre benutzen müssen, um nach Nikolaiken zu gelangen. Ob dieses Beförderungsmittel unseren recht schwierigen Pferden zusagen wird, ist mehr als zweifelhaft. Der See ist etwa 15 km lang — gelingt es nicht, die Pferde auf die Fähre zu bekommen, so bedeutet dies einen Umweg von 30 km, denn unterwegs gibt es keine Bleibe. Aber sei's drum, ein solcher Tag kehrt nie wieder, und der See ist so schön, daß wir uns nicht von ihm trennen mögen.

So wie man manchmal aus dem Zustand träumenden Halbschlafs mit dem Gefühl erwacht, soeben noch gewußt und erfahren zu haben, was der Inhalt des Lebens oder das Wesen der Dinge sei — so schien mir, daß dieser See das Geheimnis aller Seen offenbaren könne. Wie aus einer fernen Sage leuchtet er aus dem feierlichen Dunkel der ihn begrenzenden Fichten hervor — unendlich erhaben über das Kleinmaß menschlichen Lebens und den Ablauf der Geschichte, erhaben auch über die vergängliche Gestalt der Landschaft, die sich in seinem Antlitz spiegelt. Keiner noch hat ihn zum Untertan machen können, niemandem hat er je Frucht getragen. Er ist sich selbst genug als Zweck und Inhalt und beharrt als letztes, unwandelbares Bild der Urschöpfung in einer Welt, die menschlicher Nützlichkeitssinn immer mehr verunstaltet. Ich verstehe sehr gut, daß es in der chinesischen und auch in der griechischen Philosophie eine Lehre gibt, wonach das Wasser die Ursubstanz aller Stoffe ist. Darum vermochte auch nur der Schöpfer ihm Gestalt zu geben, als er den Wassern befahl, sich zu scheiden. Der Mensch bleibt ihm gegenüber immer nur: Auch-Geschöpf.

Wir reiten langsam im halbverkühlten Sonnenschein des Nachmittags gen Norden, vielfach ohne

Weg, entweder unmittelbar am Wasser oder durch den hohen Bestand, der bis an das oft steilabfallende Ufer heranreicht. Die Sonne färbt die Kiefernstämme glühend rot, und läßt das Buchenlaub in allen Schattierungen von leuchtendem Gold bis zum tiefen Kupferton erstrahlen. Unten liegt der blaue See, eingefaßt von einem schmalen Saum lichtgelben Schilfes. Herr Gott, wie schön diese Welt ist — sein könnte . . .

Schließlich kommen wir an das Ende dieser langen Landzunge und stehen vor der, sogar uns Angst und Schrecken einflößenden Fähre. Sie ist so klein, daß gerade ein Fuhrwerk darauf paßt, von niedrigen Stangen eingefaßt, gleicht das Ganze einer schwimmenden Kinderboxe. Fürchterlich die Vorstellung, daß, wenn wir erst glücklich auf dem polternden Bretterboden gelandet sein werden, der Motor mit stoßweisem Geknatter angelassen wird. Der Bursche, der dieses Teufelswerk bedient, hat keinerlei Sinn für unsere Sorgen, er grinst nur. Wir beschwören ihn, seinen Motor ja recht leise in Gang zu setzen, er grinst wieder und ist völlig ungerührt. Später stellt sich heraus, daß er kein Deutsch versteht.

Unter großem Geschnaube, Ziehen, Klopfen und Schlagen sind beide Pferde endlich mit einem großen Satz, der sie am anderen Ende beinahe in den See befördert hätte, auf der Fähre gelandet. Vorsichtshalber schnallen wir die Satteltaschen ab, damit wenigstens etwas trocken bleibt. Der junge Mann hat inzwischen den Anker gelichtet und stößt uns mit Hilfe einer langen Stange von dem sicheren, uns so liebgewordenen Ufer ab. Meiner Stute quellen vor Angst fast die Augen aus dem Kopf, und wie gebannt starrt sie auf die sich entfernenden Bäume. Glücklicherweise übersteigt dieser Vorgang ihr Realisierungsvermögen. Der Fuchs springt derweil wie ein Floh bald nach rechts, bald nach links, ohne Sißis beruhigenden Zuspruch zu beherzigen. — Und dann setzt plötzlich mit einer lauten Fehlzündung der Zweitakter ein. Wie eine Höllenmaschine puffend und zischend, versetzt er das ganze Gefährt in eine schaukelnde Bewegung.

All diese Eindrücke auf einmal, das ist zuviel für unsere zartbesaiteten Rösser, sie strecken die Waffen und sind endgültig geschlagen. Zitternd und gottergeben wie die neugeborenen Lämmer stehen sie da mit steifen, vorgeschobenen Vorderbeinen und wagen es nicht mehr, sich zu rühren. Erleichtert erklimmen wir das neugewonnene Ufer, nachdem uns der Jüngling in Summa 85 Pfennig für diese Angstpartie abverlangt hat, eine Forderung, die in keinem Verhältnis zu dem seelischen Aufwand steht.

Über diesem zeitraubenden Manöver ist die Sonne untergegangen, und als wir schließlich in Nikolaiken über die Brücke reiten, liegt der See und die kleine Stadt im letzten Dämmerlicht vor uns. — Es wird schwierig sein, jetzt noch einen Stall zu finden. Auf dem Marktplatz steigen wir ab, und Sißi geht Quartier suchen. Ich stehe lange Zeit wartend unter den Bäumen, die Platz und Trottoir trennen. Auf der anderen Seite sieht man in ein paar schwach erleuchtete Läden. Einige Männer stehen an einer Theke und unterhalten sich. Irgendwoher steigt in mir die Erinnerung an Avignon und einen abendlichen Platz mit Ratten im Rinnstein auf. Weiß der Himmel, woher diese Assoziation kommt, aber sie ist ganz unterhaltend, und darum hänge ich ihr noch ein Weilchen mit halb ausgeschalteten Sinnen nach.

Zur Unterstützung meiner Vision ertönt mit einem Mal ein französisches Lied nach der Melodie »Auf in den Kampf, Torero«, und ehe ich noch meinen Ohren zu trauen vermag, sehe ich den Sänger auch schon über den Markt gesprungen kommen, zwei Stück Vieh vor sich hertreibend. Vielleicht stammt dieser brave Mann, der hier seine Gefangenschaft absolviert, aus dem Midi und träumte grad von einem Restaurant in Avignon, von weißem Brot und rotem Wein und von Stierkämpfen in Orange und hat mich damit angesteckt. Ich kann ihn über sein Schicksal nicht mehr befragen, denn eben kommt Sißi mit der fatalen Botschaft, es gäbe keinen Stall, vielmehr wolle mangels Stroh, Futter und anderem Zubehör niemand uns aufnehmen.

Schließlich beziehen wir einen stockdunklen Stall, ohne Stroh und ohne Einrichtung, den Sißi zunächst als unzumutbar abgelehnt hatte. Wir selber klingeln an einem Gasthof, an dem ein großes Schild hängt: »Krankheitshalber geschlossen«, eine mißmutige Wirtin öffnet, ist aber bereit, uns aufzunehmen, und da sie frei von äußerlich ansteckenden Seuchen scheint, laden wir unsere Sättel ab und machen uns wieder auf den Weg, um irgendwo Futter aufzutreiben. Nach verschiedenen vergeblichen Versuchen führt uns unsere leise verglimmende Taschenlampe an die Peripherie des Ortes und in die Küche eines Bauern, der im Kreise seiner Kinderschar gerade seine abendliche Milchsuppe löffelt. Er hört ohne viel Fragen zu und verspricht, nach dem Abendbrot Hafer und Heu herüberzubringen.

Tatsächlich erscheint der gute Mann, nachdem wir die inzwischen schon wieder kalt gewordenen Bratkartoffeln unserer Wirtin verspeist haben, mit einer großen Stallaterne und zwei Jungen, die Heu und den so lang ersehnten Hafer schleppen. Wir wandern gemeinsam über den holprigen Marktplatz zum Stall. Er ist ganz begeistert von den beiden Pferden und kann sich, wie alle Leute dieser Gegend, gar nicht genug wundern über die Größe unserer Tiere. Jedenfalls können sie nicht ohne Stroh bleiben, stellt er fest und schickt die Jungen von neuem aus, während er mit uns herunter zum See geht, um Wasser zu holen.

Das Städtchen ist völlig ausgestorben, man hört keinen Laut. Nirgends ist Licht, niemand auf den Straßen. Ja, die Männer sind alle weg, sagt unser Freund, nur ein paar von uns Bauern hat man zur Herbstbestellung beurlaubt. Wir sprachen noch ein wenig über die Zeitläufte, tauschten die diesjährigen Ernteneuigkeiten aus und verabschiedeten uns dann. Unsere fürstliche Belohnung oder die Schönheit unserer Rösser veranlaßte ihn, anderntags vor Tau und Tag abzufuttern und zu putzen. Jedenfalls war bereits alle Arbeit getan, als Sißi um 6 Uhr mit ihrem Trainingsanzug, unserem üblichen Nachtgewand, bekleidet, einen Lauf zum Stall unternahm. Die Pferde waren vergnügt und offenbar recht befriedigt von ihrer Haferration. Sie hatten sie auch verdient, denn am Tag zuvor waren wir 10 Stunden unterwegs gewesen.

30. September 1941

Wir haben gehört, daß Dr. Schielke auf einem Hof namens Dommelhof residiert, der nur 4 km von Nikolaiken entfernt sein soll, und beschließen, zum ersten Frühstück dorthin zu reiten. Übrigens verstehe ich, daß den hiesigen Eingeborenen die Größe unserer Pferde in die Augen sticht. Als wir aus der Stadt herausritten, stellte ich fest, daß ich von meinem Aussichtsturm aus ohne weiteres in die Dachluken der allerdings winzigen Häuser hineinsehen konnte.

Dommelhof war ein glänzender Gedanke! Erstens ist das Frühstück vorzüglich und dann ist die Lage wirklich einzigartig – ich habe in Ostpreußen noch nichts ähnlich Verwunschenes gesehen. Das Gut mag 600 Morgen groß sein. Es besteht aus einer etwa 800 m breiten Landzunge, die 3 km weit in den Spirdingsee hineinragt. Auf der Mitte liegt der Gutshof, dicht am Wasser: schöne alte Gebäude, ein kleines Gutshaus, vor dem eine dicke Linde steht, und ein leider nicht so gelungenes größeres neues Haus – aber das vergißt man ganz angesichts dieser phänomenalen Lage und Aussicht. Noch einmal sehen wir weit hinein in den Beldahnsee, der hier in den Spirding mündet. Vor dem blauen Wasser steht eine riesige alte Esche, noch voll belaubt, und dann beginnt ein gut gehaltener kleiner Park, der sich am Ufer entlangzieht.

Und innen erst! Stilrein 1850 bis 70. Zunächst ein kleiner Gartensaal mit dunkelblauer, breit gestreifter Tapete, weißen Schleiflacktüren und -möbeln mit gabelartig durchbrochener Rückenlehne. Viele Ahnen in Pastell, im ovalen, nicht allzu großen Rahmen, geschmackvoll auf einer Wandseite verteilt; gegenüber eine hohe blau-weiße Vase und ausgewählter Nippes auf einem Tisch mit leicht vergoldeten Beinen. Im nächsten Gemach steht man vor einer Art Podest, das, von vielen Zacken und Aufbauten eingefaßt, einen Schreibtisch trägt, der von einer Palme beschattet wird. Das Ganze ist ebenfalls weißer Lack und hebt sich auf diese Weise prächtig von der dunklen Tapete ab.

Die Landschaft ist unvergeßlich schön. Echtes Masuren, so wie wir es von unseren Paddeltouren her kennen: wenig Wald, viel Wasser, sandige Wege in einer unendlich weiten Hügellandschaft, rote Dächer und ein lichtblauer, wolkenloser Himmel darüber. Wir reiten während etwa 2 Stunden am Ufer, eigentlich muß man schon sagen, an der Küste des Spirding entlang. Das ist wirklich ein gewaltiger See und so blau, daß man es kaum glauben kann. Der Weg windet sich langsam durch das Land, manchmal ist es ein Feldweg, dann wieder ein schmaler Pfad und zuweilen eine richtige Straße, die ein Dorf mit dem anderen verbindet und die bald nach Norden, bald nach Süden von unserer eigentlichen Richtung abweicht.

Überall graben die Leute Kartoffeln, alles, was noch oder schon laufen kann, ist unterwegs: Kinder, Frauen, Greise. Und Gefangene. Beim Gut Wensen biegen wir nach Norden ab und folgen nun für den Rest des heutigen und einen gut Teil des folgenden Tages den russischen Stellungen der masurischen Winterschlacht vom Februar 1915. Selbst dem Laien fällt auf, daß dies klassisches Kriegsgelände ist: eine 30—40 km lange, natürliche Seensperre durchzieht das teilweise wieder bewaldete Land, dessen hügelige Struktur vielfache Deckung bietet. Hin und wieder erhebt sich eine beherrschende Höhe.

Beim Dorf Seehöhe, das am Beginn des etwa 15 km langen, nur wenige 100 m breiten Martinshagener Sees liegt, verzeichnet unsere Karte 158 m Höhe. Wir erklimmen den höchsten Punkt, und das ist wahrlich eine Feldherrnposition — weit sieht man über das Land, dessen Konturen in der blauen Ferne mit dem Horizont verschwimmen. Links vor uns liegt ein riesiges Moorgebiet und hinter uns am Rande einer bewaldeten Höhe der Heldenfriedhof von Seehöhe, unendlich abseitig und einsam. Merkwürdig zu sehen, wie auf den alten, kaum eben verwachsenen Befestigungen des Weltkrieges sich schon wieder eine neue Verteidigungslinie aufbaut: Wie ein breites graues Band winden sich die Tanksperren durch das Land, an vielen Stellen findet man kreuz und quer Stacheldraht gespannt, und dort, wo der Türkle-See endet, ist ein ganzes Gehöft verbarrikadiert.

Wir haben in einem zauberhaften Birkenwalde

Mittagsrast gemacht, mitten im Bestand am Rande einer kleinen Lichtung. Die Pferde sind abgesattelt und jedes an einen Baum gebunden. Sißis unerschöpfliche Vorratstasche hat eine Büchse Ölsardinen hergegeben, und sogar Schokolade hat sich angefunden. Und jetzt liegen wir auf dem Rücken, und die Sonne fällt durch das helle Blätterdach und scheint uns ins Gesicht.

Wenn ich die Augen aufmache, sehe ich den blauen Himmel und davor die weißen Stämme der jungen Birken. Von Zeit zu Zeit löst sich ein Blatt und fällt leise zur Erde. Mir kommen die Hofmannsthalschen Verse in den Sinn: »Wenn in der lauen Sommerabendfeier durch goldne Luft ein Blatt herabgeschwebt, hat dich mein Wehen angeschauert, das traumhaft um die reifen Dinge webt.« »Ja, dies ist die Zeit des Reifens und der Vollendung und zugleich die Zeit des Abschiednehmens. Wie oft hat man in diesem Sommer Abschied genommen. Wie jung sie alle waren, Vettern, Brüder, Freunde — so vieles bleibt nun unerfüllt, ungetan. Die Natur ist barmherziger: sie gibt einen langen Sommer zum Reifen und schenkt die Fülle, ehe sie Stück um Stück und Blatt für Blatt wieder zurücknimmt.

Ich muß an die letzte Konfirmation in der kleinen Dorfkirche in Quittainen denken. Da standen acht Mädchen in weißen Kleidern und sechs Jungen im ersten blauen Anzug. Ich sah sie nur durch einen Schleier, denn mir wurde plötzlich ganz klar, daß keiner dieser Jungen — wie doch alle ihre Väter — noch einmal vor diesem Altar stehen würde und daß es das Los der meisten dieser kleinen Mädchen sein werde, allein zu bleiben. Der Pfarrer predigte über das Wort »Jene verlassen sich auf Roß und Wagen, wir aber denken an den Namen des Herrn unseres Gottes«. Und draußen vor der Kirche lagen Soldaten in der Sonne und warteten. Warteten, bis sie schließlich am 21. Juni zum Marsch gegen Rußland antraten. Seither nimmt man eigentlich immerfort Abschied, nicht nur von Menschen — von allem, was man liebt: den Wegen, die wir oft geritten sind, den Bäumen, unter denen wir als Kinder spielten, der Landschaft mit ihren Farben, Gerüchen, Erinnerungen.

Der Fuchs langweilt sich und wird unruhig, und da er meist das Tempo unserer Reise angibt, satteln wir und machen uns wieder auf den Weg. Nach einigem Suchen finden wir auch den Hohlweg, von dem wir abgebogen sind, und die schönen roten Aspen, und bald liegt wieder das freie weite Land vor uns mit seinen braunen Hügeln und den blauen Seen, die immer wieder in einer Falte oder hinter einem Höhenzug auftauchen. Es ist eigentlich eine Eichendorffsche Landschaft und irgendwie liegt auch ein Ton Eichendorffscher Sehnsucht und Glückseligkeit in der Luft, die ein leiser Wind bewegt.

Am Nachmittag kommen wir an einem Gut vorbei — ein stiller, besonnter Hof, aus dem das gleichmäßige Summen einer Dreschmaschine tönt. Die offenen Tore des Fohlenstalles sehen uns einladend an, aber es ist noch gut 2 Stunden hell, und wir beschließen, weiter zu reiten. Und dann — vielleicht ist das der Höhepunkt dieser Tage — steht plötzlich ein riesiger goldgelber Ahorn vor uns. Er steht auf einem leicht gewölbten Hügel, vor dem leuchtend verklärten Himmel: Anfang und Ende, Erfüllung und Sehnsucht, Frage und Antwort, alles zugleich. Er steht dort wie der Baum der Erkenntnis.

Hier sollte man bleiben, ich würde nicht müde werden, ihn anzuschauen und zu warten, bis all seine Blätter eins nach dem andern zu Boden fallen — schöne, große, gelbe Blätter, mit roten Stengeln. Dabei fällt mir ein, daß Otto Hentig einmal von dem Fest des Ahorns in Japan erzählt hat: Wenn der Ahorn sich verfärbt, dann ziehen die Familien aus ihren Dörfern in die Berge und setzen sich um den Ahorn herum und schauen ihn an, still und ehrfurchtsvoll, den ganzen Tag lang.

Wir führen noch ein Stück und traben dann, nachdem die Pferde einen abendlichen Trunk aus dem Ublick-See geschöpft haben, die letzten Kilometer bis zu dem Gut Lindenhof, wo Herr Bludau, ein bekannter Pferdezüchter, wohnt, von dem wir annehmen, daß er vielleicht Sinn für unsere Unternehmung und Hafer für unsere Pferde haben wird. Es ist schon Feierabend und wie gewöhnlich ein klein wenig zu spät zum Ankommen. Der Kämmerer geht gerade mit dem Schlüsselbund über den Hof und schickt uns zum »gnädigen Herrn«, der in einem häßlichen, aber für hiesige Verhältnisse sehr stattlichen Hause wohnt. Ich klingle, stelle mich vor und stammle mein Sprüchlein. Recht überflüssig, denn dies war nur ein Gast, und nicht die Frau des Hauses;

also wiederholt sich die Zeremonie kurz darauf noch einmal. Meine Diagnose: Potsdamer Offiziersadel stimmt, wie sich später herausstellt. Sie ist sehr hilfsbereit und sogar ganz erfreut über unsern Besuch, und auch der Gatte mit Stock und karierten Breeches, der inzwischen aufgetaucht ist, verklärt sich, nachdem er Sißi als eine Lehndorff identifizierte, und bald sind beide in allerlei Rennbahn-Reminiszenzen versponnen.

Die Fremdenzimmer haben komischerweise Nummern, aber abgesehen davon, ist alles ganz normal und für unsere derzeitigen Begriffe sehr luxuriös. Es gibt sogar Warmwasser, und man kann sich richtig waschen. Um den Verhältnissen Rechnung zu tragen, ziehe ich meine noch saubere Ersatzbluse an, was Sißi höchst übertrieben findet, aber ich denke, den Gastgebern wird diese Aufmerksamkeit gefallen, weil die andere schon reichlich mitgenommen ist nach 5 Tagen.

1. Oktober 1941

Ich glaube, daß man nirgend anders in Deutschland so viel Gastlichkeit und selbstverständliche Hilfsbereitschaft findet wie in Ostpreußen. Mit einigen Broten und vielen guten Wünschen versehen, brechen wir am nächsten Morgen auf, noch ein Stück des Weges begleitet von dem Hausherrn, der eine kleine, fabelhaft drahtige, zwanzig Jahre alte Stute reitet. Vor dem Ort Dankfelde trennt er sich von uns, und wir reiten schnurstracks immer weiter nach Norden über Kraukeln und am Kraukler See hoch, umrunden ihn und schlagen dann eine leicht westlich orientierte Richtung ein.

Die Gegend gefällt uns, seit wir den Kraukler See verlassen haben, gar nicht mehr: Plattes Land, Chausseen, Rübenfelder, und schließlich müssen wir sogar noch ein Stück auf der großen Asphaltstraße Lötzen-Angerburg führen, während zahllose Autos mit Militär, SS oder irgendwelchen Funktionären heulend an uns vorbeizischen.

Sobald die erste Abzweigung auftaucht, biegen wir links ein in Richtung auf den Dargainen-See und haben nun doch noch einen herrlichen Nachmittag mit viel Sand, blauem Wasser, sanften Hügeln und ein paar hübschen Dörfern. An einem sonnigen Wiesenrand verspeisen wir die Butterbrote des letzten Nachtquartiers und halten ein kleines Nickerchen, während die Pferde am langgeschnallten Halfter grasen. Man hört das taktmäßige Rupfen und Kauen und spürt im Halbschlaf, wie sie sich entfernen und wieder näherkommen, bis die große Stute plötzlich dicht neben meinem Ohr stoßseufzend ins Gras schnauft und mich entsetzt auffahren läßt.

Unsere Reise geht ihrem Ende entgegen — es sind nur noch 15 km bis Steinort. Noch einmal steigen wir auf eine Erhebung, die zwischen Dargainen- und Gall-See das Land beherrscht, und nehmen Abschied von der Freiheit dieser Tage. Dann kommt das Dorf Haarschen und die Pflasterstraße, die Du kennst, vorbei an Lorcks Haus, dann die Kirsaiter Fähre und schließlich der lange Weg durch den Steinorter Wald. Und da sind auch schon die alten Eichen, ein langer silberner Faden — Altweibersommer — zieht über die Koppel, und irgendwo auf dem Hof kräht ein Hahn.

DIE ZU HAUS BLIEBEN,

SIND NICHT MEHR DAHEIM

Zum drittenmal sind jenseits der Weichsel die Wiesen und Wälder grün geworden, und in manchen Gärten mögen ein paar vergessene Blumen und Sträucher blühen. Sicher haben die Störche ihre Nester wieder bezogen oder auf den Ruinen verwaister Gehöfte neue gebaut. Der Balzruf der Kraniche im Bruch ist wieder verstummt, und längst sind Schwäne und Wildgänse weiter gen Norden gezogen. Für sie, die Glücklichen, gibt es keine Grenzen.

Sie fragen nicht danach, wer die Seen, Wälder und Flußniederungen von Afrika bis hinauf nach Skandinavien beherrscht und regiert – sie sind überall daheim. Man muß offenbar zu der Spezies »Krone der Schöpfung« gehören und vernunftbegabt sein, um diese theoretisch glückliche, ungeteilte Welt so tief innerlich zerstören zu können.

Ja, die Störche, die nisten nun wieder auf dem Dach der alten Scheune am Teich, und Barbarossa – so nannten wir den Alten, der an einer extravaganten rotbraunen Halskrause kenntlich war und jedes Jahr getreulich wieder zurückkehrte – steht vermutlich in der Abendsonne auf dem Dachfirst und lauscht wohlgefällig dem Spektakel der Frösche. Wahrscheinlich ist er der einzige, der die Heimat noch mit der gleichen Liebe betrachtet wie zuvor, die wenigen Menschen, die dort blieben, die tun es nicht mehr.

Im Frühjahr dieses Jahres kam ein Brief aus Ostpreußen, die erste und letzte Nachricht aus dem verlorenen Paradies seit der Vertreibung. Folgendes stand darin:

»Damals, als die Russen kamen, es war ein Dienstag, brannte es an vielen Stellen im Dorf. Als erste wurden die beiden Gespannführer Möhring und Kather, der alte Gärtner Neubert und der Apotheker Wilmar erschossen und auch Frau Lukas von der Klingel.«

Frau Lukas, die brave, wohnte neben der Klingel, mit der der Kämmerer zur Arbeit läutete. Sie war die Frau des etwas einfältigen Postfahrers Fritze Lukas, die zuweilen in der Küche aushalf, allerdings nur, sofern Tag und Stunde nicht gegen ihre Lebensprinzipien verstießen: am Donnerstag durfte man kein Werk beginnen, am Sonnabendabend, der stets Heiligabend hieß, nicht arbeiten, zwischen Weihnachten und Neujahr keine Wäsche waschen und dergleichen mehr.

In dem Brief steht weiter: »Ein paar Tage später wurde dann Magda Arnheim, Lotte Muss mit Kind und die Oma Muss erschossen und in Schönau fünf Arbeiter vom Gut und die Frau vom Förster Schulz, die aber erst nach acht Tagen starb und sich sehr hat quälen müssen. Der alte Muss hat sich damals erhängt. Im Februar gingen dann die Abtransporte nach dem Ural los. Mein Mann war auch dabei, ebenso der Krugwirt Dreher und seine Tochter Ulla, die beiden Töchter vom Stellmacher Jüngst, Frau Prüschmann, Frau Zimmermann, die vier Marxschen

Mädels, Christel und Hertha Hinz und die Tochter vom Schmied. Ich erhielt vor ein paar Monaten durch Karl Marx, der mit ihnen zusammen ging, die Nachricht, daß mein Mann und die meisten anderen im Ural gestorben sind. Sie sehen, wie der Tod in unserem Dörfchen gehaust hat. Zuerst all die Jungens an der Front, und nun die anderen.«

Zuerst all die Jungens ... Ich erinnere mich gut, es waren 15 Namen, die der Pfarrer damals am letzten Totensonntag, den wir zu Hause verbrachten, in der Kirche verlas, als der Gottesdienst für die Gefallenen gehalten wurde. Ihre Träger waren alle in der gleichen Kirche getauft und eingesegnet worden. Er hatte damals davon gesprochen, daß das große Sterben nun bald ein Ende haben würde, aber er hatte nur insofern recht behalten, als der Krieg bald darauf ein Ende fand, nicht aber das Sterben. Die kleinen Mädchen, die damals in ihren Konfirmationskleidern, die schwarz gefärbt worden waren — weiße brauchen sie nun doch nicht mehr, hatten die Mütter gesagt — an einem Tag im November 1944 in der alten Dorfkirche um ihre Brüder und Verlobten trauerten, die haben nun selber einen zehnfach schlimmeren Tod gefunden.

Heinrich Muss, der Nachtwächter, erhängt! Jeder dieser Namen ist wie ein Anruf aus einer anderen Welt. Wie oft haben wir abends noch einen kleinen Schwatz an der Stalltür gemacht, wenn ich mit dem Schimmel spät nach Hause kam; und manchmal, wenn er sehr mitteilsam war, begleitete er mich die Pflasterstraße herauf bis zu meinem Häuschen, über dem dann manchmal schon der Mond hoch am Himmel stand.

Sein liebstes Thema war die Geschichte von dem alten Sonderling in Zallenfelde, der Kranke heilen und die Zukunft voraussagen konnte. Er hatte angeblich alles vorhergesagt; den ersten Krieg und alles, was dann kam ... In der feierlichen Sprache von Muss lautete das etwa so: »und dann wird ein Mann aus dem Volk aufstehen und wird falsches Zeugnis ablegen, und alle werden ihm anhängen, und er wird sein wie ein König und das Reich großmachen. Hütet Euch aber vor seiner Lehre, denn er ist der Antichrist. Und ein großer Krieg wird kommen, und der Himmel wird rot sein von Flammen im Osten, Westen und Süden. Und wo des Rosses Fuß und der Menschen Schritt einst erklang, da werden die Gräber sich reihen und die Dörfer verwaisen und am Ende dieser Zeit« — und dann flüsterte der Alte nur noch und schaute sich immer wieder um in der stillen Nacht — »am Ende, da wird das deutsche Volk sich unter einer Linde versammeln, denn mehr bleiben ihrer nicht.«

Wenn er diesen geheimnisvollen Orakelspruch, den er auswendig hersagte, beendet hatte, ging er, begleitet von seinem Hund Nelly, nachdenklich vondannen, um seinen Pflichten nachzukommen. Denn Muss mußte alle Stunde einmal durch die Ställe gehen, um zu sehen, ob alles in Ordnung war. Und dann gehörte es zu seinen Obliegenheiten, alle zwei Stunden an den vier verschiedenen Himmelsrichtungen des Dorfrandes zu blasen, damit jeder wußte,

Muss ist auf dem Posten. Er tat das gern, weil die kleine Messingtute, die seinen jeweiligen Aufenthaltsort bekanntgab, ihm die Gewißheit verschaffte, daß, wer nächtlicherweise Böses im Schilde führte, ihm mit Sicherheit aus dem Weg gehen werde.

Aber der Brief geht noch weiter: »Schwester Ilse, die uns alle zuerst wieder gesund gepflegt hat (Typhus), macht mir jetzt viel Sorge. Sie liegt seit vierzehn Tagen krank, körperliche Schwäche, Schwindel und Ohnmachtsanfälle. Na ja, langsam kommt das über uns alle bei dieser Lebensweise.

Ich habe oft die Wohnung wechseln müssen. Nachdem unser guter Oberinspektor bei mir in der Mühle angeschossen worden war, bin ich aus Angst ins Dorf gezogen. Er wohnte schon seit einigen Monaten bei mir, am 27. 8. 1945 bekam er einen Bauchschuß. Ich habe ihn am nächsten Tag mit dem Handwagen ins Krankenhaus nach Preußisch Holland gebracht. Die Frauen aus Schönau haben geholfen. Es war kein leichtes Werk, den schweren alten Mann, der furchtbare Schmerzen hatte, fortzubewegen. Wir waren vier Stunden unterwegs, an der Grenze bat er uns anzuhalten und sagte: Frauen, laßt mich noch einmal mein schönes Quittainen sehen. Als wir dann um 11 Uhr vor dem Krankenhaus vorfuhren, war Herr Klatt unter viel Schmerzen verstorben.

Jetzt wohne ich mit Frau Dreher, Schwester Ilse und dem alten Opa Klein zusammen. Wir gehen alle auf Arbeit, um uns notdürftig zu ernähren. Die Kleine von der Ilse ist im März zwei Jahre gewesen und für uns alle der einzige Sonnenstrahl in dieser

Sklaverei. Auch Frau Keller hat noch ein kleines Töchterchen bekommen, sie hat heute gerade einjährigen Geburtstag. Frau Keller selbst ist nur noch der reine Schatten, kein Wunder in dieser Zeit, und dann noch ein kleines Kind. Milch gibt es ja nicht und kaum Brot. Wenn man nicht so viel auf Gott vertrauen würde, aber er verläßt uns immer nicht. Wie oft sah man dem Tod ins Auge, wie oft dachte man, was gibst du heute den Deinen, was morgen. Aber er hat geholfen und hilft auch weiter. Nur wird uns langsam die Heimat fremd. Man spricht viel, daß wir auch jeden Augenblick raus sollen. Wir warten täglich darauf.«

(»Die Zeit«, Juni 1947)

Auf einsamer Flucht zwischen Insterburg und Braunsberg.

Der Treck gen Westen – jeder sucht seine Habe zu retten.

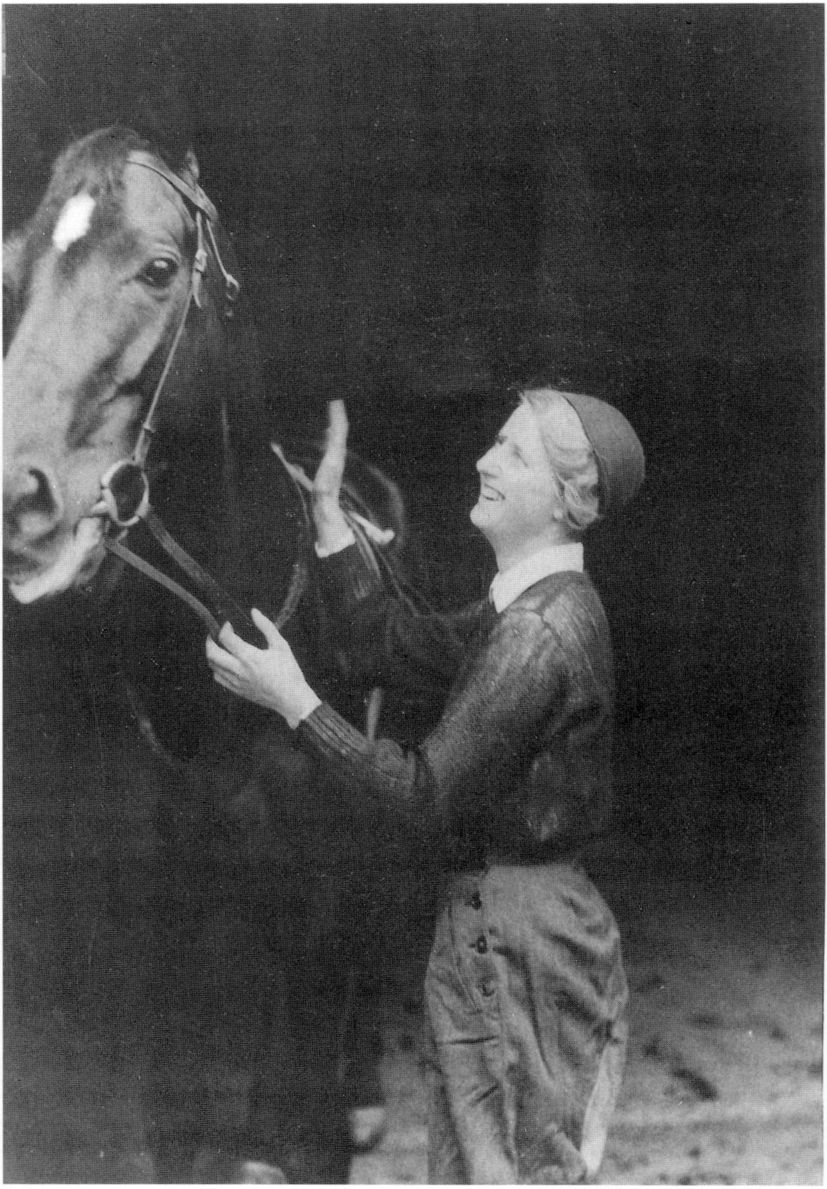

Gräfin Sißi Lehndorff, die mit dem Bruder der Autorin, Dietrich Dönhoff, verheiratet ist und mit ihr zusammen den Ritt durch Masuren unternahm.

Graf Heinrich Lehndorff, nach dem mißlungenen Attentat auf Hitler, am 20. Juli 1944 hingerichtet, vor dem Schloß Steinort, das Außenminister Ribbentrop während des Zweiten Weltkriegs als Hauptquartier diente.

Schloß Friedrichstein, 1710 vollendet, wurde nach Entwürfen von Jan de Bodt, dem Erbauer des Zeughauses in Berlin, errichtet. 1945 abgebrannt.

Auffahrt zum Schloß Friedrichstein.

Pregelniederung.

Schlobitten, Besitz des Fürsten Dohna, ursprünglich Renaissance-Schloß, wurde Anfang des 18. Jahrhunderts unter dem ersten preußischen König umgebaut.

Schloß Schlobitten im Frühjahr 1945.

Graf August Heinrich Hermann Dönhoff, Großvater der Autorin, in Sanssouci von seiner Schwester Amélie gezeichnet. August Dönhoff war preußischer Gesandter am Bundestag in Frankfurt am Main und im Revolutionsjahr 1848 für kurze Zeit Außenminister.

Zu den Miniaturen: Mitte, oben: Stanislaus Poniatowski, letzter König von Polen. Daneben und Mitte unten: Ludwig XV. und Gemahlin Maria Lesczynska, Tochter von Stanislaus Lesczynski, König von Polen. Unten außen: Gerhard Dönhoff, geb. 1590, Oberhofmeister in Polen, und seine Gemahlin Prinzessin Sybille von Brieg und Liegnitz. Sie waren die Großeltern von Stanislaus Lesczynski.

LEBEN UND STERBEN

EINES OSTPREUSSISCHEN EDELMANNES

Die ersten Bilder seiner Jugend waren der See vor dem Hause, der Wald, der sich an den Park anschloß, endlose Kornfelder, Weidegärten und Pferde — Rennpferde, Mutterstuten, Hengste. Und schließlich nicht zu vergessen die Pferde in den Ställen der Gutshöfe, die die Knechte viererlang vom Sattel aus im Galopp auf die Felder jagten, wo wir dann abwechselnd mit der Dorfjugend von Hocke zu Hocke »weiterfahren« durften, uns auf diese Weise im Reiten und Fahren übend.

Der Stall, in dem die sogenannten Kutschpferde, also die Reit- und Wagenpferde, in langer Reihe nebeneinanderstanden, prachtvoll »frisiert« und mit schöner »Jacke«, wie man das nannte, war sehr viel mehr nach des jungen Lehndorff Herzen als das zinnenreiche Schloß, das sein Großvater, der langjährige Flügeladjutant Wilhelms I., kurz nach der Jahrhundertwende gebaut hatte.

Von ihm — Großvater Lehndorff — gab es ein Bild, das ihn in großer Uniform, mit langen Bügeln in der eleganten Manier jener Zeit, auf einem Grauschimmel sitzend, zeigte. Es stand im »Gelben Salon«, das heißt, es hing nicht an der Wand, sondern es stand dort auf einer Staffelei. Ein verblichenes Couvert, das aus seinem Nachlaß stammte und irgendwo aufbewahrt wurde, enthielt, von uns sehr bestaunt, die Schrotkugel, die den alten Kaiser verwundet hatte, als Nobiling am 2. Juni 1878 in Berlin unter den Linden auf ihn schoß. Es war jenes Attentat, das Bismarck zum Anlaß für das Sozialistengesetz genommen hat.

Preyl war das einzige große Haus aus modernen Zeiten in Ostpreußen. Anders als in Schlesien, wo der Reichtum, den Kohlengruben und Industrie hervorbrachten, in den Gründerjahren auch auf dem Lande meist recht geschmacklosen Ausdruck gefunden hatte, gab es in Ostpreußen keinen großen Landsitz, der in der zweiten Hälfte des 19. Jahrhunderts erbaut oder auch nur umgebaut worden wäre. Die repräsentativen Schlösser (bis auf Schönberg, das aus der Ordenszeit stammte) waren meist unter dem ersten preußischen König bald nach dessen Krönung im Jahre 1701 errichtet worden. Und seither hatte man maßvoll und gemessen ohne jedes Prunkbedürfnis in ihnen gelebt.

Preyl lag etwa 15 km nördlich Königsberg, während meine Heimat Friedrichstein sich 20 km östlich der Provinzhauptstadt befand. Vor dem ersten Weltkrieg, als man noch keine Autos hatte, pflegten unsere Eltern diese Strecke von hin und her 70 km je nach Wetterlage im Coupé oder im offenen Landauer zurückzulegen, gelegentlich sogar nur zum abendlichen Diner. Nach dem ersten Weltkrieg, zur Zeit, da wir heranwuchsen, wäre uns dies als heillose Zeitverschwendung erschienen, wir fuhren mit der Eisenbahn oder mit dem Rad.

Keineswegs für Zeitverschwendung hingegen hielten wir es — Heini Lehndorff, seine Schwester und ich —, täglich viele Stunden auf den Pferden zu verbringen. Kein Weg und kein Pfad im kilometerweiten Umkreis, den wir nicht kannten. Kein Stoppelacker im Herbst, kein sandiger Weg, der uns nicht als Rennstrecke diente. Noch ist mir der Ton der sich dehnenden Gurte und das Knirschen des Sattelzeugs im Ohr, spüre ich das Sausen des Windes und das Scheuern der Fingerrücken am nassen, schweißduftenden Pferdehals. Nie schien die Freiheit größer und das Glück gegenwärtiger.

Etwas später dann kamen die ersten jagdlichen Erlebnisse, die Treibjagden im herbstlich bunten Wald: das ferne Klappern der Treiber, der Ruf aufgestörter Eichelhäher, das Summen einer späten Biene im Gras am Waldsaum, und lauter als alles andere der Ton des eigenen Herzschlages. Wie klar diese östliche Luft war und wie licht der Himmel über den leuchtend goldenen Wäldern, gesäumt vom Rot der Ebereschen. Weithin schwang sich der Klang der Hornsignale, mit denen die Treiber von den Förstern dirigiert wurden: »Rechter Flügel vor — links zurückbleiben — das Ganze halt!«

Und dann im Winter die große Einsamkeit der tiefverschneiten, lautlosen Wälder. Eine dicke Schneedecke ließ für Monate die kleinen, verstreuten Dörfer in der Weite der Landschaft verschwinden. Glitzernde, von den Schlittenkufen blankpolierte Wege, krachender Frost. Pelzmützen und Filzstiefel. Und so mancher Tag, an dem man auf Skiern über die Felder und durch den Bestand einer Fuchsfährte folgte, die, einer Perlenschnur gleich, in den unberührten Schnee gelegt schien. Früh trat um diese Zeit die Dunkelheit ein. Schon um drei Uhr wurden die Lampen angezündet, und im Kamin fielen die Scheite funkenstiebend zusammen.

Endlos erschien der Winter, die kurzen Tage und langen Nächte und auch die nie endenden Ansprüche der Hauslehrer an den Schüler. Bis dann eines Tages die Stürme, die durch die alten Alleen brausten, im Walde die Fichten kreuzweise übereinanderlegten. Kilometerweit traten dann die Flüsse über die Ufer, alle Wege wurden grundlos, und an den geheimnisvollen Abenden hörte man den Schrei der nordwärts ziehenden Wildgänse: Frühling. Ein Frühling, elementar und gigantisch, der nicht nur die Natur in mächtigen Unwettern schüttelte, sondern auch die Menschen, die monatelang in Abgeschiedenheit gelebt hatten, träumend, wartend, grübelnd.

So wurde Schicht auf Schicht gelegt, verging Jahr auf Jahr im Rhythmus der Natur, die alles bestimmte im souveränen Gleichmaß und die doch voller Abenteuer war mit unheimlichen Erscheinungen im nächtlichen Wald und seltsamen Geräuschen am Ufer des dunklen Sees. Generation auf Generation war so herangewachsen und hatte erlebt, daß fast unbemerkt aus Spiel Verantwortung wurde.

Im Grunde waren es weniger Eltern und Erzieher — Gouvernanten und Hauslehrer —, die den werdenden Menschen prägten, als das Hineinverwobensein in eine vom Praktischen her bestimmte Gemeinschaft. Alle waren sie Lehrmeister, unerbittlich strenge Lehrmeister. Bis ins tiefe Mark drang der Schrecken, wenn Ludorf, der Oberkutscher, seine Feldwebelstimme erhob, weil irgendeine Arbeit, die man im Stall übernommen hatte, schlecht oder nur halb ausgeführt worden war; oder wenn der Stellmacher drohende Flüche ausstieß, weil das bei ihm für den Bau eines Kaninchenstalls entliehene Werkzeug nicht vollzählig und pünktlich zurückgebracht wurde. Wehe, wenn die Köchin einen dabei erwischte, daß man beim Herrichten jagdlicher Trophäen Unordnung in der Küche hinterließ oder der Diener die Spuren schmutziger Schuhe auf dem Parkett entdeckte.

Aber wenn uns von höchster Stelle der Bannstrahl traf, dann wurden alle diese strengen Kritiker zu Schutzpatronen: »Ohne Abendbrot ins Bett«, und man konnte sicher sein, daß im Nachttisch verborgen ein Teller mit Butterbroten stand, die viel liebevoller bereitet waren als die normalen. Wenn immer elterliche Verbote übertreten wurden, dann waren da unzählige gute Geister, die unsere Spuren verwischten und beteuerten, sie hätten selbst gesehen, wie wir den ganzen Nachmittag über in unsere Schularbeiten versenkt gewesen wären.

Nur eins, das nahm uns niemand ab: Verantwortung, dort wo wir dabei waren. Wenn Flurschaden entstand, weil beim Indianerspiel mit der gesamten Dorfjugend das Zubehör der Leiterwagen zum Lagerbau verwandt worden war, oder ein kriminalistisch angelegter Raubzug in das wohlverschlossene Weinhaus veranstaltet worden war, dann gingen alle straffrei aus, nur wir nicht. Wenn im Dorf einer krank war, dann mußten die älteren Schwestern Nachtwache halten und wir den Hilflosen Essen und Stärkung bringen. Wenn irgendwo etwas fehlte, irgend jemand in Not geraten oder ihm Ungerechtigkeit widerfahren war, dann waren wir die Mittler zwischen unten und oben — das war so selbstverständlich wie die Tatsache, daß wir und niemand anderes kollektive Dummheiten zu verantworten hatten.

Dies die Welt, in der Heini Lehndorff heranwuchs. Sie mag letzten Endes der Grund gewesen sein, warum er in einer Zeit, da niemand geradestand für das, was in Deutschland geschah, weil jeder sich durch »höheren Befehl« exkulpiert meinte, warum er damals die volle Verantwortung in die eignen Hände nahm und sein Leben einsetzte. Er war zu jener Zeit — am 20. Juli 1944 — fünfunddreißig Jahre alt.

Wenn ich mich frage, was eigentlich die für ihn besonders charakteristischen Züge waren — von jener, mit Jagen und Reiten verbrachten Jugend über eine gemeinsame Zeit an der Frankfurter Universität bis hin zur Verwaltung des väterlichen Erbes in Ostpreußen — so vielleicht dies: eine durch nichts zu trübende Lebensfreude, seine nie erlahmende Vitalität und Intensität und die durch keines Gedankens Blässe angekränkelte Naturverbundenheit: Nie wieder sah ich jemand, der so sehr zu Hause war in seiner Landschaft — als Mensch, als Herr und als Diener.

Vom frühen Morgen an war er pausenlos unterwegs auf seinem Besitz, prüfend, anregend, experimentierend. Da wurde dräniert und gebaut, Weiden neu angesät, Unland urbar gemacht, und jedem, dem er begegnete — Arbeiter, Pächter, Handwerker — ging das Herz auf, wenn ihm der große, gut aussehende Mensch ein paar lustige Worte zurief oder seinen Tadel in wohlgezielten, heiteren Spott kleidete. Fremde sahen ihm lange nach, wenn er, das Vieh inspizierend, mit großen Schritten über die Weiden ging, vor der »Schlippe«, dem Weidengartentor, kurz verhielt und sich dann mit einer eleganten Flanke darüberschwang. In seiner Schülerzeit hatte er mit 1,85 m Hochsprung den mitteldeutschen Rekord erstritten.

Anders als bei den Generationen vor ihm, erschöpfte seine Tätigkeit sich nicht darin, mit Hilfe eines Administrators und eines Justitiars die Oberleitung der Güter zu überwachen. Er hatte bei einem kleinen Bauern die praktische Landwirtschaft gelernt, anschließend verschiedene Spezialkurse besucht und dann für mehrere Jahre einen Hof verwaltet, ehe er den 25 000 Morgen großen Familienbesitz Steinort am Mauersee übernahm.

Steinort ist etwa seit 1400 im Besitz der Familie Lehndorff gewesen — in der Verleihung des Ordens war von einer »großen Wildnis« die Rede. Seither hatten die Lehndorffs über fünf Jahrhunderte dort in Masuren am Rande des Mauersees gelebt und gewirkt. 1689 hatte Marie Eleonore, eine geborene Gräfin Dönhoff, die schon mit 25 Jahren verwitwet war, den Bau des Barockschlosses in Angriff genommen. Bis in unsere Tage hatten sich sämtliche Abrechnungen über die Maurer, Zimmerleute und Kalkschläger, über Ziegelsteine, Nägel, Türschlösser und Fenster erhalten und waren Zeugnis für das kühne Unterfangen, in jener Zeit mit örtlichen Handwerkern ein solches Gebäude zu errichten.

Es gab viele schöne Besitze in Ostpreußen, aber kaum einen zweiten in so unberührter, großartiger Landschaft. Ein verträumter und leicht verwilderter Park mit vielhundertjährigen Eichenalleen führte vom Schloß herunter zu dem größten der masurischen Seen, in dessen Schilf wilde Schwäne brüteten und Tausende von Enten, Möven und Bleßhühnern hausten. Die letzten Seeadler zogen dort ihre Kreise.

Es war, als hätte die Zeit stillgestanden: fünfzig, hundert Jahre oder länger? Der kleine Empire-Gartenpavillon, um 1800 gebaut, schien gerade eben erst einer Gesellschaft von Krinolinen und grauen Zylindern als Teehäuschen gedient zu haben. Noch hingen an einigen alten Bäumen jene Tafeln, die man damals, im frühen 19. Jahrhundert, seinen Freunden zu widmen pflegte. In altmodischer Schrift waren darauf französische Verse verzeichnet, von denen mir einer noch in Erinnerung ist:

Si j'eus été le jour de ta naissance
chargé de te donner un nom
et que de l'avenir la connaissance
m'eût été conféré par Apollon
de peindre au vif ton âme et ton regard
ton nom sans hésiter aurait été . . . Bayard.

Heini Lehndorff hatte das Fideikommiß Steinort von seinem Onkel Carol geerbt, einem Junggesellen und unvergleichlichen Original, der in seiner abenteuerlichen Jugend für ostpreußische Verhältnisse allzu leichtfertig in den Tag gelebt hatte. Die letzten Jahrzehnte seines Lebens verbrachte er, nachdem er lange Zeit fern von Europa gelebt hatte, wieder in Steinort, abwechselnd in monatelanger Einsamkeit und dann wieder mit fröhlichem Jagen und nächtlichen Trinkgelagen, über die die Fama Erstaunliches zu berichten wußte. Er starb 1936.

Im Jahr zuvor hatten die örtlichen Parteigrößen aus irgendeinem Anlaß ein großes Volksfest in Steinort veranstaltet. Carol Lehndorff, der aufgefordert wurde, eine Rede an »sein Volk« und auf den »Führer« zu halten, trat auf den Balkon heraus, sprach einige Worte und schloß mit dem Ruf: »Heil ... ? Donnerwetter, wie heißt der Kerl doch gleich?« Nach einigen Sekunden der Ratlosigkeit: »Na, denn Waidmannsheil!«

Drei Jahre des Friedens blieben Heini Lehndorff, in denen er sich mit ungestörter Schaffensfreude auf die Modernisierung und Intensivierung der Steinorter Güter konzentrieren konnte. 1937 hatte er Gräfin Gottliebe Kalnein geheiratet, eine Tochter des Landstallmeisters von Graditz. Schon sehr bald wurde von Tag zu Tag deutlicher, daß Hitler den Krieg und nichts anderes als den Krieg wollte.

Noch einmal – es war wenige Tage vor dem Einmarsch in Polen – trafen wir uns alle in Königsberg mit der Gewißheit, dies werde das letzte Mal sein.

Nie werde ich den Moment vergessen, als wir vor dem Hotel Berliner Hof standen und Heinis jüngerer Bruder sich von meinen Brüdern verabschiedete. Er war damals 23 Jahre alt, ein groß gewachsener, ernster, fast klassisch schöner Jüngling, der im 1. Infanterieregiment als Leutnant diente. Seine letzten Worte waren: »Auf den Barrikaden sehen wir uns wieder«, dabei leuchteten seine Augen, wie ich es seit Kindertagen an ihm nicht mehr erlebt hatte.

Er war sehr früh, schon vor Ausbruch des Krieges, mit den ersten Anfängen der Widerstandsbewegung in Verbindung gekommen und war ganz erfüllt von der Aufgabe, Deutschland von der Geißel Hitler zu befreien. Zwei Monate nachdem im Juni 1941 der Krieg gegen Rußland begonnen hatte, fiel er als Kompagnieführer in Estland. Für Heini Lehndorff war der Verlust dieses einzigen Bruders ein vernichtender Schlag. Es ist kein Zweifel, daß das Gefühl, die Aufgabe erfüllen zu müssen, die dieser Bruder sich gesetzt hatte, seinen Entschluß, die Beziehungen zur Opposition aufzunehmen, mitbestimmt hat.

Er selber war zu jener Zeit als Ordonnanzoffizier bei General Fedor von Bock, dem späteren Generalfeldmarschall und Oberbefehlshaber der Heeresgruppe Mitte im Osten. Bei ihm hatte er — immer schon mit kritischen Augen — den Rußlandfeldzug mitgemacht, bis zu einem Ereignis, das ihn mit äußerster Abscheu erfüllte. Bei Borissow hatte die SS in Bocks Befehlsbereich grausame Judenmassaker durchgeführt, ohne daß dieser, wie seine jungen Offiziere forderten, sich im Führerhauptquartier dagegen aufgelehnt hätte. Das war für den Ordonnanzoffizier Graf Lehndorff der letzte Anstoß, sich ganz in den Dienst der Widerstandsbewegung zu stellen. Jahrelang hat er von da an als Kurier Nachrichten hin- und herbefördert.

Schließlich nahte der 20. Juli 1944. Heini Lehndorff war damals als Betriebsleiter seiner Güter vom Militärdienst freigestellt und befand sich zu Haus in Steinort, wo der Hauptteil des Schlosses inzwischen als »Feldquartier« für den Außenminister von Ribbentrop requiriert worden war. Auch das OKH war auf seinem Besitz im Mauerwald installiert. Am 19. Juli erreichte ihn die Nachricht, morgen werde es losgehen. »Endlich«, war sein erleichterter Kommentar. Mehrmals schon in den letzten Jahren waren alle Eingeweihten in Alarm versetzt worden, aber jedesmal hatte »die Vorsehung« das Zustandekommen des Attentats vereitelt. Nun also würde es endlich soweit sein.

Es war 7 Uhr morgens, wenige Stunden, bevor Stauffenbergs Bombe explodierte, als er am 20. Juli zum OKH fuhr. Er zog sich im Walde um, denn Ribbentrops Sicherheitspolizei durfte nicht sehen, daß er Uniform trug, um an diesem Tage nach gelungenem Attentat beim Wehrbezirkskommando Königsberg die Übernahme der Macht auf die Repräsentanten General Becks zu leiten.

Den ganzen Tag über hatte er in Königsberg gewartet, aber keine Nachricht war durchgekommen, nur das Gerücht, ein Attentat, im Mauerwald verübt, sei fehlgeschlagen und Hitler wohlbehalten.

Lehndorff fuhr, Verzweiflung im Herzen, die 150 km zurück, ließ das Auto auf einem Vorwerk stehen, bestieg seinen Vollbluthengst Jaromir und ritt, scheinbar von den Feldern heimkehrend, in Steinort auf den Hof.

Es war klar, daß es nur sehr kurze Zeit dauern konnte, bis man allen Beteiligten auf der Spur sein würde. Und es galt nun, sofort einen Entschluß zu fassen: Bleiben bedeutete den sicheren Tod, fliehen mochte für ihn die Rettung sein, was aber würden sie – die Schergen – mit seinen drei Kindern tun und mit seiner Frau, die in jenen Wochen ein viertes Kind erwartete? Selbst seinem Leben ein Ende bereiten, nicht die letzte Verantwortung für das tragen, was man im vollen Bewußtsein der Konsequenzen getan hatte? Bleiben? Flucht? Selbstmord? Bleiben?

Am nächsten Tag fuhr ein Auto vor. Lehndorff stand gerade am Fenster und sah mit einem Blick, daß die, die da ausstiegen, Gestapo-Beamte waren. Und wenn bis zu diesem Augenblick das Mühlrad: Bleiben ... Flucht ... Selbstmord ...?, ohne auch nur einmal innezuhalten, sich in seinem gedankenleeren Hirn gedreht hatte, jetzt, da es um eine rasche Reaktion ging, jetzt wußte er: von diesen da würde er sich nicht fangen lassen.

Im Bruchteil einer Sekunde war er verschwunden. Niemand hatte gesehen, wie. Seine Frau nicht und auch die Leute nicht. Offenbar war er aus dem ersten Stock in den Park gesprungen und rannte nun dem See und dem schützenden Walde zu. Er rannte um sein Leben, denn wenige Minuten später hatten die Gestapisten mehrere Wolfshunde losgelassen, die sofort die Spur aufnahmen und mit riesigen Sprüngen hinter ihm herhetzten. Bald aber hatten sie die Spur verloren, denn der Flüchtende, gleichermaßen vertraut mit Jagd und Natur, war weite Strecken am Ufer des Sees im Wasser gelaufen.

Zu Hause standen sie, klopfenden Herzens: würde er es schaffen? Das ganze Gebiet, so hieß es, sei bereits abgesperrt. Aber er kannte ja jeden Wildwechsel im Walde und jedes Versteck, er würde sie schon überlisten. Da rief er plötzlich viele Stunden später von einem weit entfernten Vorwerk an, seine Frau möge ihn abholen. Er hatte es sich anders überlegt, die Sorge um das Schicksal seiner Familie war stärker als der Selbsterhaltungstrieb. So stellte er sich freiwillig den Verfolgern.

Die Gestapo-Beamten nahmen ihn mit und lieferten ihn in das Gefängnis in Königsberg ein. Nach zehn Tagen kam der erste Brief. Der Wächter, dessen Freundschaft zu gewinnen ihm rasch gelungen war, hatte ihn herausgeschmuggelt. Sehnsüchtig sah der Gefangene die Wolken am vergitterten Fenster vorbeiziehen und trug Grüße auf für Steinort.

Schon wenige Tage später wurde er zusammen mit anderen nach Berlin transportiert. Als der Polizeiwagen nachts vor dem Gefängnis in der Prinz-Albrecht-Straße hielt, gelang ihm, was keinem anderen gelungen war: herauszuspringen und zu flüchten — übermächtig war seine Sehnsucht nach Freiheit.

Noch in derselben Nacht wurde in der ganzen

Mark Brandenburg die »Landwacht« mobilisiert. Dennoch gelang es dem Flüchtigen, der sich tagsüber verborgen hielt und nachts wanderte, bis in die Gegend von Neustrelitz in Mecklenburg zu kommen, obgleich ihm im Gefängnis die Schuhbänder abgenommen worden waren und die Schuhe daher nicht festsaßen, was ihm schließlich zum Verhängnis wurde. Nach vier Tagen waren seine Füße so wund, daß er keinen Schritt mehr tun konnte. Letzte Hoffnung: in einem einsamen Forsthaus für ein paar Tage Zuflucht zu finden. Aber der Förster, an dessen Tür er in der ersten Morgendämmerung klopfte, war der Chef der örtlichen Landwacht und hatte nicht den Mut, einen steckbrieflich Verfolgten aufzunehmen. Nach kurzer Bedenkzeit, in der auch für ihn der Gedanke an seine Familie den Ausschlag gegeben haben mochte, lieferte er den Hilfesuchenden aus. Wie er später berichtete, hatte Heini Lehndorff ihn weder gedrängt noch gebeten, ihm vielmehr kurz berichtet und dann darauf bestanden, er müsse die Gefahr bedenken, ehe er sich entscheide, ihm Asyl zu gewähren.

Sobald die Flucht bekannt geworden war, hatte die Gestapo die gesamte Familie verhaftet, die Eltern, die Schwester, die Frau, die acht Tage später ein Kind zur Welt brachte und gleich darauf in ein Straflager verbannt wurde. Und schlimmer als dies: Zuvor waren zwei SS-Männer gekommen und hatten von der unglücklichen Mutter die Herausgabe der drei kleinen Mädchen verlangt, die sieben, fünf und zwei Jahre alt waren. Sie packten sie in ihren

Wagen und fuhren davon — niemand hatte eine Ahnung wohin.

Erst Wochen später erfuhr man, daß sie zusammen mit den Kindern aller anderen am Attentat Beteiligten in Thüringen verborgen wurden — unter anderem Namen, um jegliche Erinnerung zu tilgen. Durch ein Wunder gelang es, sie später alle wieder ihren Eltern zuzuführen.

Heini Lehndorff wurde nach schlimmen Mißhandlungen wieder in das Berliner Gefängnis eingeliefert. Ein kurzer Prozeß vor Freislers Volksgerichtshof, wo er sich zu seiner Tat und Haltung bekannte und keinen Versuch machte, sich herauszureden. Und dann am 4. September 1944 das Ende am Galgen von Plötzensee.

Erst viel später kam sein letzter Brief. Zwischen jenem ersten, der von der Sehnsucht sprach, mit der er den Wolken nachblicke, und diesem letzten aus dem Bunker des Volksgerichtshofes lagen nur vier Wochen. Sie aber haben so viel wie ein halbes Leben gewogen. Dieses letzte Lebenszeichen ist der Brief eines reifen Mannes, eines tief überzeugten Christen, der auch nach schwerster Gewissensprüfung nichts von dem, was er getan hat, zurücknimmt. Und der durchdrungen ist von der Gewißheit der Gnade.

WIRTSCHAFTSWUNDER

VOR ZWEIHUNDERT JAHREN

Als das Tausendjährige Reich sich in unserem Lande breitmachte und in überraschend kurzer Zeit alle Universitäten zerstört hatte, beschloß ich, meine Studien nicht in Deutschland fortzusetzen, sondern nach Basel zu gehen, wo damals all diejenigen zusammenströmten, die bei sich zu Haus nicht sein mochten oder nicht sein durften: Aus Deutschland kamen die Kommunisten, aus Österreich die Nationalsozialisten, aus Italien die Oppositionellen. Es war eine interessante und aufregende Zeit. Nach Jahresfrist ging ich zu Professor Edgar Salin, dem Mentor und Schirmherr dieser politisch spannungsreichen »Gemeinde«. Bei ihm wollte ich über Marxismus arbeiten, denn das war es, was mich damals am meisten interessierte.

Der Professor überlegte kurz: Marxismus? Dann stellte er messerscharf fest: »Darüber wissen andere sicher mehr als Sie. Von Ihnen möchte ich viel lieber eine Untersuchung darüber haben, wie der Großgrundbesitz Ihrer Familie in Ostpreußen eigentlich zusammengekommen ist und wie er in den verschiedenen Jahrhunderten bewirtschaftet wurde.«

Ostpreußische Wirtschaftsgeschichte? Auch ich dachte kurz nach: Es war Frühling, daheim stand mein Pferd im Stall. Bald würden die Wildgänse das Pregeltal heraufziehen und die Störche ihre Nester auf den Ställen und Scheunen neu herrichten ... So schloß ich messerscharf: Der Professor hat vollkommen recht. Warum soll ich in Basel sitzen, wenn ich zu Hause sein, reiten und nebenher ein bißchen in alten Akten blättern kann. Höchst befriedigt über seinen Einfall reiste ich nach Ostpreußen.

Sechs Monate später: In einem riesigen, leeren Saal meines Vaterhauses türmten sich die Akten kubikmeterweise, über den Fußboden verstreut. Riesige Schränke hatte ich bereits angefüllt mit vergilbten Kontrakten, Bilanzen, Abrechnungsbüchern, Verträgen, Stammbäumen. Zu meinem Leidwesen hatte sich herausgestellt, daß ich als Vorarbeit für meine Studien zunächst einmal das Archiv ordnen mußte. Bis dahin nämlich waren alle Urkunden, Akten und Papiere in Kisten und Truhen verstaut gewesen, die auf dem Boden und in mancherlei unbenutzten Räumen des Schlosses herumstanden. Die letzten Interessenten, das ließ sich sehr genau feststellen, hatten sich vor etwa achtzig Jahren mit diesem Material (allerdings ausschließlich mit dem genealogischen) beschäftigt. Seither niemand mehr.

Tag für Tag stand ich nun dort, vom frühen Morgen bis zur Dämmerung, und noch war nicht abzusehen, wann ich je mit der eigentlichen Arbeit, meiner Dissertation, würde beginnen können. Immer wieder entdeckte ich irgendwo neue Kisten mit altem Material, die herbeigeschafft, ausgepackt und eingeordnet werden mußten.

Mein Pferd kam längst nicht mehr zu seinem Recht, mit meiner Mutter, die befürchtete, der immerwährende Aktenstaub werde meine Gesundheit ruinieren, hatte ich große Auseinandersetzungen, und alle Hausleute waren mir gram, weil sie meinten, ich würde auf dem Höhepunkt dieses chaotischen Ordnungsfanatismus erlahmen, alles stehn und liegen lassen und ihnen dann die Aufräumungsarbeiten überlassen.

Neun Monate später: Alles ist etikettiert, katalogisiert und eingeordnet. Die Briefe der Preußischen Könige sowie die Kolleghefte meiner Vorfahren, darunter eines: »Vorlesung des Herrn Professor Em. Kant über die phys. Geographie«. Desgleichen die Ehekontrakte der Besitzer von Friedrichstein, in denen ihre Habe und die Mitgift ihrer Frauen von Generation zu Generation verzeichnet waren. Ferner Wappen-Stammbäume, gemalt in der Zeit, da man sich illustrer Verwandtschaften mit Vergnügen bewußt war. Sie zeigten höchst augenfällig und einprägsam, daß beispielsweise die Großmutter des Polnischen Königs Stanislaus Lesczynski eine Dönhoff war, weswegen denn seine Tochter, die Gattin Ludwig XV., den Autoren dieses Stammbaums sicherlich als nahe Verwandte erschienen war. All diese Curiosa, die seit fast hundert Jahren kein lebendes Auge gesehen hatte, und schließlich auch der Urstoff für meine Dissertation, waren nun endlich, schön geordnet, weiterem Studium erschlossen.

Dann aber stellte sich heraus, daß ich, bevor es losgehen konnte, zunächst einmal im Staatsarchiv in Königsberg die Ordensfolianten und Handfestenbücher auf Verschreibungen über die Friedrichsteiner

Güter hin durchsehen mußte. Wobei »Durchsehen« ein höchst unpräziser Ausdruck ist: Ich brauchte für jede Seite (deren es viele Tausende gab), wenn ich sie wirklich lesen wollte, zwei Stunden, denn es waren Handschriften des 14. und 15. Jahrhunderts, die da entziffert werden mußten.

Zwölf Monate später: Der Professor in Basel, der keine Ahnung hatte von den Kettenreaktionen, die sein Einfall ausgelöst hatte, fragte an, wann er endlich die ersten Kapitel zu sehen bekäme! Hätte ich über den jungen Marx gearbeitet, wäre ich jetzt fertig, dachte ich zornig. So aber fing die eigentliche Arbeit nun erst an. Allerdings hatte ich in der zurückliegenden Vorbereitungszeit mehr gelernt über die Geschichte Preußens, meiner Familie und ihres Besitzes, als in allen Jahren zuvor.

Plötzlich wußte ich, warum das Arbeitszimmer meines Vaters, das wie alle Räume des Hauses einen Namen hatte, »Gerichtsstube« hieß. Dort nämlich hatte bis zum Ende des 18. Jahrhunderts die Patrimonialjurisdiktion getagt, deren Protokolle ich geordnet hatte und die in bestimmten Abständen zusammentrat unter Assistenz eines Justitiars, der zu diesem Zweck aus Königsberg herbeigeholt wurde. Da ging es um Erbfälle und Kaufverträge unter den Bauern und Einsassen der Güter, um Diebstahl und Mord: »Die Jungfraw Eysenblätter gebar ein uneheliches Kind und hat es ersäufet.«

Auch wurde mir jetzt klar, daß die riesigen Netze, die wir beim Versteckspielen auf dem Boden entdeckt hatten und über deren Herkunft und Verwendungszweck niemand etwas wußte, zum Einlappen bei den Wolfsjagden gedient hatten, denn noch in sämtlichen Kontrakten des 18. Jahrhunderts war zu lesen, daß alle Bauern, auch die freien, die sonst keinerlei Scharwerksdienste zu leisten hatten, verpflichtet waren, einen Mann zur Wolfsjagd zu stellen.

Meine Dissertation begann mit der ersten Urkunde, die ich hatte aufspüren können. Sie stammte aus dem Jahre 1379 und war unterzeichnet vom Hochmeister Winrich von Kniprode, der den Besitz zu culmischem Recht verlieh gegen einen »Schweren Ritterdienst mit Pferd und Waffen nach des Landes Gewohnheit zu allen Heerfahrten, wenn, wie dick und wohin sie von uns oder von unseren Brüdern geheißen werden.«

Das Gesetz, nach dem der Orden dort im Osten angetreten war, hieß: »Allzeit zur Verteidigung bereit sein«, darum war der Besitz von Grund und Boden auch verknüpft mit der Verpflichtung zum Ritterdienst. Und darum war eine Klasse geschaffen worden, die über große Ländereien verfügte und die dafür bereit war, jederzeit alles im Stich zu lassen und dem Orden Gefolgschaft zu leisten, wenn dieser in Bedrängnis geriet.

Bei der Verleihung von Grund und Boden behielt der Orden sich immer das Obereigentum vor, dem Lehnsträger stand nur das Nutzungsrecht zu. Für je 40 Hufen (ca. 700 Hektar) mußte der Ritter einen schweren Ritterdienst leisten. Das heißt, wer 40 Hufen hatte, mußte »vollgepanzert mit schweren Waffen und einem bedeckten, der Rüstung angemessenen Roß, begleitet von zwei anderen Reitern« Dienst leisten. Bei weniger als 40 Hufen Besitz waren nur leichte Waffen und ein Pferd vorgeschrieben.

Oft waren es riesige Ländereien, die in der allerersten Zeit des Ordens auf diese Weise verliehen wurden, 3000 Hufen waren keine Seltenheit. Um 1285 wurden einem Ritter Dietrich Stange sogar 12 000 Hufen verliehen, freilich war das auch eine Zeit, in der noch die Burgen und Städte das Zentrum der Kolonisation bildeten und sich nur ganz wenige hinauswagten in das unerschlossene, gefährliche Land. Die dies taten, wurden denn auch mit weitgehenden Befugnissen ausgestattet, schon in Anbetracht der großen Entfernungen und der schwierigen Wegeverhältnisse war dies notwendig. Der Gutsherr war zumeist auch der Gerichtsherr mit niederer (Zivilprozeß) und hoher Gerichtsbarkeit (Strafsachen) und mit uneingeschränktem Jagdrecht, zu dem in späterer Zeit noch das Kirchenpatronat hinzukam.

Sowohl die Privilegien wie die Pflichten hafteten also am Besitz, wobei entsprechend den beiden Grundformen: Güter und Dörfer, die Ritter Kriegsdienst, die Bauern Zinsdienst zu leisten hatten (»der Ritter diente mit seinem Blut, der Bauer mit seinem Gut«). Allerdings begannen die bäuerlichen Siedlungen erst nach der großen Einwanderung im 14. und 15. Jahrhundert. Der Kriegsdienst war also keine persönliche Verpflichtung des Vasallen dem Lehnsherren gegenüber, wie dies im Westen der Fall war, sondern der Vasall mußte Ritterdienst leisten, weil dieser Ritterdienst als Real-Last an dem Stück Land haftete, welches er vom Orden zum erblichen Lehen bekam.

Überhaupt waren von vornherein die Anforderungen und Ansprüche, die der Ordensstaat an seine Glieder stellte, sehr vielseitig. Im Osten waren eben »staatliche Frondienste« von Anbeginn eine notwendige Voraussetzung der »kolonialen« Arbeit, denn wie hätten ohne sie die riesigen Sümpfe urbar gemacht werden und die Burgen und Befestigungen entstehen können.

Nun wäre es freilich verkehrt, bei dem Stichwort »kolonial« an den Kolonialismus der europäischen imperialen Mächte des 18. und 19. Jahrhunderts zu denken. Was damals im 13. und 14. Jahrhundert, also 500 Jahre zuvor, in Ostpreußen geschah, hatte nichts mit Imperialismus zu tun. Dies ging schon daraus hervor, daß der Verlauf der östlichen und südöstlichen Grenze Ostpreußens vom 14. bis zum 20. Jahrhundert mit Ausnahme einer Zeitspanne von zwölf Jahren unverändert blieb. Es gibt im Westen Europas nur ganz wenige Grenzen, denen ähnliche Dauer beschieden war — wahrscheinlich nur Teile der Grenze zwischen Spanien und Portugal und zwischen Schweden und Norwegen. Wenn man Ostpreußen als staatliche Einheit betrachtet, was es in der Geschichte jahrhundertelang war, so muß man folgern, daß es Staaten wie Spanien, die Niederlande und die Schweiz an Anciennität weit übertraf.

Es war in der Tat nicht imperiale Eroberungssucht, die den Orden nach Preußen trieb, sondern das für uns schwer vorstellbare christlich-ritterliche Ideal der ausgehenden Kreuzzugsepoche. Gerufen von Herzog Konrad von Masowien, dem Haupt eines damals noch selbständigen polnischen Teilfürstentums, der Hilfe gegen die ihn bedrängenden heidnischen Preußen benötigte, hatte der Orden, der ja zum Kampf gegen die Heiden verpflichtet war, erst nach längeren Vorbereitungen beschlossen, dem Ruf zu folgen.

Der Orden hatte sich zuvor nach allen Regeln der geltenden Rechtsvorstellungen abgesichert und sich das Land überschreiben lassen vom polnischen Herzog, vom deutschen Kaiser und vom römischen Papst. Daß es sich dabei nicht um eine im modernen Sinne nationale Angelegenheit handelte, geht auch daraus hervor, daß viele Angehörige fremder europäischer Ritterschaften an den Missionszügen nach Osten teilnahmen; vor allem viele Engländer, beispielsweise Henry von Derby, der spätere Heinrich IV. (1390/91 und 1392), oder auch Ottokar II., Böhmens König, nach dem Königsberg benannt wurde.

Wir hatten festgestellt, daß im Ordensgebiet der Ritterdienst nicht auf dem persönlichen Vasallenverhältnis zum Lehnsherrn beruhte, sondern daß er an dem Stück Land haftete, das der Orden als Lehen vergab. Neben dieser Eigenart des Ostens gab es noch einen weiteren, sehr wesentlichen Unterschied zum Westen, der ebenfalls auf eine besonders enge Verbindung zwischen Land und Besitzer hinwirkte. Es gab nämlich im Osten von eh und je den Gutsherrn, der sein Land mit eigenen Leuten selber bewirtschaftete, während der Westen eigentlich nur den Grundherrn kannte, dessen Tätigkeit sich darin erschöpfte, die ritterlichen Tugenden und Turniere zu pflegen und im übrigen den Zins der Bauern zu kassieren.

Es kam im 14. Jahrhundert nicht selten vor, daß englische und nordische Kaufleute auf die Güter Ostpreußens kamen, um Getreide aufzukaufen, oder auch, daß der Gutsherr sein Getreide auf eigenen Flößen nach Königsberg und Danzig verfrachtete. 1392 kamen 200 englische Schiffe auf einmal zum Getreidekauf nach Danzig. Mit der Schlacht von Tannenberg 1410 nahm diese Phase kapitalistischer Blütezeit des Ordens allerdings ihr Ende. Ungezählte Güter und Bauernhöfe waren damals verwüstet worden und die Bevölkerung etwa auf die Hälfte zurückgegangen. Für den Orden war die Folge, daß er in immer stärkere Verschuldung geriet, weil er sich nunmehr genötigt sah, ein Söldnerheer von beachtlicher Größe zu unterhalten.

Hier nun liegt der zweite Grund für das Entstehen des ostpreußischen Großgrundbesitzes, der diesmal ein längeres Leben haben sollte als die Latifundien von 1285, die ein Jahrhundert später bereits aufgeteilt waren. Viele der Familien, die bis zum Ende des zweiten Weltkrieges große Besitze in Ostpreußen hatten, kamen damals nach der Schlacht von Tannenberg als Söldnerführer mit eigenen, von ihnen selbst angeworbenen und unterhaltenen Söldnerheeren aus dem Westen.

In einer Aufstellung über die Söldnerhauptleute,

die dem Orden im 13jährigen Bundeskrieg (1453 bis 1466) also vor dem zweiten Thorner Frieden gegen die Städte und Stände, die ihre Unabhängigkeit verlangten, dienten, sind verzeichnet: viermal Dohnas, dreimal Kanitz, sechsmal Schlieben, zweimal Eulenburg. Diesen Söldnerführern schuldete der Orden zum Teil große Summen, die er nur einzulösen vermochte, indem er seine Gläubiger mit Land befriedigte.

Die Dönhoffs waren schon viel früher in der Ruhrgegend, wo sie beheimatet waren, aufgebrochen, um gen Osten — allerdings noch weiter gen Osten — zu ziehen. Sie waren 1330 nach Livland gegangen, und Anfang des 17. Jahrhunderts, als einer von ihnen polnischer Gesandter am Brandenburgischen Hof wurde und dort heiratete, kaufte sich die nächste Generation in Ostpreußen an.

Der Besitz, den Graf Friedrich Dönhoff für 25 000 Thaler erwarb, hieß Friedrichstein und lag 20 km östlich von Königsberg. Es bestand aus mehreren Höfen und Dörfern, die zusammen etwa 3300 Hektar groß waren. Alle miteinander befanden sich in einem durch die Schwedenkriege und Tatareneinfälle sehr reduzierten Zustand. In ganz Ostpreußen war damals nur noch etwa ein Sechstel des urbaren Landes in Kultur. Fünfzig Jahre später tat die Pest dann noch ein übriges, um die Provinz ganz zu verheeren. Man schätzt, daß von 600 000 Menschen in den Jahren 1708 bis 1711 etwa 250 000 starben.

Die außerordentlich liberalen Verhältnisse im damaligen Preußen, die eine starke Anziehungskraft auf unterdrückte Minoritäten in allen Nachbarländern ausübte, sowie die sehr großzügigen Einwanderungs- und Kolonisationsbeihilfen Friedrich Wilhelms I. und Friedrichs des Großen haben erstaunlich rasch die Verluste wieder auszugleichen vermocht. Hatte Ostpreußen 1720 etwa 400 000 Seelen, so waren es 1775 schon 837 357.

Viele Salzburger, die um ihres Glaubens willen aus Österreich vertrieben worden waren, genau wie die Hugenotten aus Frankreich, wurden in Ostpreußen auf königlichem Grundbesitz als Bauern angesiedelt; Vieh und Geräte wurden ihnen zur Verfügung gestellt. So wurde Preußen allmählich wieder bevölkert und mit Hilfe der Hugenotten, die zur Blüte der französischen Nation gehörten, ganz neue industrielle, gewerbliche und künstlerische Impulse ausgelöst.

Friedrich der Große allein hat schätzungsweise 25 Millionen Thaler für fremde Kolonisten und Einwanderer aufgewandt. Das Werk, das er und sein Vater in dieser Hinsicht vollendeten, ist in Konzeption und Durchführung großartiger als alles, was seither geleistet wurde, und ist, was den Erfolg angeht, dem Wirtschaftswunder unserer Tage durchaus an die Seite zu stellen.

Die Friedrichsteiner Besitzer hatten schon hundert Jahre zuvor fünf Dörfer im Pregeltal gegründet, in denen 45 Bauernfamilien eine Heimat fanden. Aus den Gründungskontrakten, die alle erhalten geblieben waren, ging hervor, daß sie während der ersten vier Jahre von jeder Zinsleistung und für alle Zeiten von allen Hand- und Spanndiensten freigestellt waren; es stand ihnen auch frei, »ihre Schulzen Rathmann und Schöppen frey zu wehlen«. Diese Bauern, die sich größerer Freiheiten als alle anderen erfreuten, wurden Frei-Holländer genannt. Unter solchen Auspizien entstanden damals auf dem Friedrichsteiner Besitz folgende Dörfer:

1604: Horst
1614: Klein-Barthen
1615: Pregelswalde
1617: Birkenwalde
1619: Seewalde.

Wer die Verhältnisse im Osten nicht kennt, glaubt im allgemeinen, daß dort sozusagen von Natur aus ein starker polnischer Einschlag vorgeherrscht habe. Dies trifft jedoch allein für Masuren zu. Es ist verblüffend, die Personallisten der Güter und Dörfer, die zu Friedrichstein gehörten, durchzusehen. In allen Jahrhunderten findet man ganz selten einmal einen polnischen Namen. Greifen wir ein Gut heraus, beispielsweise Borchersdorf im Jahre 1749, die Leute dort heißen: Siebert, Dreher, Ebert, Gorschewski, Gronert, Stobbe, Stadie, Tobehn, Schwarz, Eisenblätter, Hochfeld. Alle diese Namen waren auch 1945 noch auf den Gütern vertreten.

Allein Masuren hatte einen slawischen Einschlag. Die Bevölkerung dort sprach einen polnischen Dialekt. Aber die Masuren stellen nicht, wie viele Leute glauben, die Überreste einer Art polnischer Urbevölkerung dar, sondern sie sind erst im 15. und 16.

Jahrhundert auf Grund einer besonderen Einwanderungspolitik dort angesiedelt worden.

Da der Orden und später das Herzogtum ihnen und ihrer Sprache gegenüber sehr tolerant war, hatten sie schon bald ihre Bindung an das polnische Heimatland einschlafen lassen und sich mit der Zeit vollständig assimiliert, was schon darin zum Ausdruck kam, daß sie alle aus freien Stücken protestantisch geworden waren. (Die Reformation hatte ja die Verkündung des Evangeliums in der Muttersprache versprochen und durchgeführt, was sehr zu ihren raschen Erfolgen im Osten beigetragen hat.)

Alle polnischen Versuche in der Zeit des nationalen Erwachens im 19. und 20. Jahrhundert, die Masuren durch Zeitungs- und Parteigründungen als völkische Minderheit zu aktivieren, sind gescheitert, bis hin zu den 1920 unter alliierter Kontrolle durchgeführten Abstimmungen in Masuren und dem Ermland. In Allenstein entschieden sich 363 000 Stimmen für Deutschland, nur rund 8000 für Polen; in Marienwerder 97 000 für Deutschland, 7950 für Polen.

Da wir schon bei Irrtümern sind, mag noch auf eine andere unzutreffende Vorstellung hingewiesen werden: Ostpreußen war nicht ur-slawisches Gebiet, in das die Germanen erobernd eingedrungen waren, vielmehr sind die Slawen spät, erst etwa im 8. Jahrhundert nach Christus, an der Weichsel und Oder erschienen. Eineinhalb Jahrtausende lang hatten dort zuvor Germanen gesessen. Schon um 1000 v. Chr. lebten die Goten an der Weichselmündung und blieben in diesem Raum, bis die Völkerwanderung sie wegschwemmte und die Slawen nachrückten. Zur Zeit von Christi Geburt war Ost- und Westpreußen von Goten bewohnt, und im Posener Land saßen die Burgunder.

Dies alles hat nun aber wirklich nur noch historisches Interesse und keinerlei aktuelle politische Beweiskraft. Es wird hier aber noch einmal erwähnt, weil man sich auf beiden Seiten gern historischer Argumente bedient, ohne die Fakten zu kennen.

Doch zurück zu meiner Dissertation. Die zuvor geschilderte Form der Schuldablösung, wie der Orden sie den Söldnerführern gegenüber betrieb, war auch im privaten Verkehr der damaligen Zeit durchaus üblich. Jene erste Verschreibung der Friedrichsteiner Güter von Winrich von Kniprodes Hand 1379 umfaßte ein Areal von etwa 2000 Hektar. Als Friedrich Dönhoff den Besitz (Friedrichstein, Wehnenfeld, Löwenhagen, Reichenhagen, Pregelswalde, Horst, Seewalde, Klein-Barthen, Birkenwalde) 1660 erwarb, war er rund 3000 Hektar groß. Bis 1700 waren Schönmoor und Pilzenkrug mit 1000 Hektar durch normalen Kauf hinzu erworben worden. 1713 wurde Hohenhagen mit Rosengarten, Klein-Hohenhagen, Schäferei und der Mäskenmühle gegen Übernahme der darauf ruhenden Schulden von der Landesherrschaft an Otto Magnus Dönhoff als Lehen verkauft. 1747 erwirbt dessen Sohn Borchersdorf und Weißenstein durch Pfandübertragung. Um 1800 umfaßt der Besitz dann etwa 8000 Hektar.

Die Pfandübertragung war seit dem Mittelalter

die typische Form der Kreditfundierung: Der Schuldner übergab dem Gläubiger als Sicherung für ihm geliehenes Geld meist auf 10 bis 30 Jahre seinen Besitz in natura (hypothekarische Sicherstellung gab es noch nicht). Und da der Schuldner gewöhnlich nach Ablauf der Frist die Aufwendungen, die inzwischen getätigt worden waren, nicht vergüten konnte, oft auch nicht das ursprüngliche Schuldkapital zu erstatten vermochte, verblieb das Land häufig im Eigentum des Gläubigers.

In der damaligen Zeit wechselten die Güter im allgemeinen sehr häufig den Besitzer. So wurde das Gut Groß-Barthen 1749 zu dem Friedrichsteiner Komplex hinzu erworben, aber schon 30 Jahre später wieder verkauft, um mit dem Erlös die Abfindungen nach einem Erbfall auszahlen zu können. 1872, also 100 Jahre später, erwarb es mein Großvater von neuem, nachdem es inzwischen fünfmal den Besitzer gewechselt hatte.

Ganz allgemein war es so, daß nur, wer hohe Stellungen im Staat bekleidete und also über ein festes Einkommen verfügte, es sich leisten konnte, Grundbesitz zu erwerben und zu unterhalten. Denn die Einnahmen aus der Landwirtschaft waren minimal und das Risiko sehr groß.

Aus einer Aufstellung von 1695 ergibt sich, daß im Durchschnitt der vorausgegangenen drei Jahre Graf Friedrich Dönhoff in seiner Stellung als Amtshauptmann und Gouverneur der Festung Memel etwa doppelt so viel Einnahmen bezog wie aus dem damals rund 15 000 Morgen großen Besitz Friedrichstein. Nicht nur, daß die Erträge sehr gering waren: bis zum 19. Jahrhundert wurde kaum je mehr als das zweite oder dritte Korn geerntet (also die doppelte oder dreifache Menge der Aussaat), auch die ständigen Kriege im 17. und 18. Jahrhundert brachten immer neue Katastrophen.

In einer amtlichen Untersuchung von 1663 über den bäuerlichen Inventarbestand nach den Schwedenkriegen und dem Tatareneinfall heißt es über das bereits erwähnte Gut Borchersdorf: »Von 15 Bauern sind nur noch 7 auf ihren Höfen. Die übrigen 8 Höfe sind wüst. Im angrenzenden Weißenstein existieren von 13 Höfen nur noch 4.« Hundert Jahre später verwüstet der Siebenjährige Krieg die Güter von neuem. 1757 nach der verlorenen Schlacht von Großjägersdorf bei Wehlau hatte die preußische Armee während acht Tagen ihr Lager in den Friedrichsteiner Gütern genommen und laut Schätzung für 4000 Thaler Schaden gemacht. In einem Bericht an den König vom 20. September 1757 schildert Friedrich Dönhoff, wie die schwarzen Husaren geplündert und marodiert haben, wie sie »alle Türen erbrochen, die Leute verprügelt, gestohlen, die Gebäude zum Teil mutwillig demoliert und alles requiriert haben«.

Kurz darauf schlug eine Brigade der kaiserlich-russischen Armee ihr Hauptquartier in Friedrichstein und den umliegenden Ortschaften auf, und im Frühjahr 1759 erschienen schon wieder zwei russische Regimenter. Als sie endlich abrückten, wurden Güter und Bauern gezwungen, Wagen zu stellen, die

die Soldaten während Wochen und Monaten bis nach Schlesien hinunter begleiten mußten.

Über dem Entsetzen des totalen Krieges, der in unserem Jahrhundert so viel Grauen und Verheerung vor allem über die Städte gebracht hat, vergißt man ganz, daß die Kriege früherer Jahrhunderte das flache Land mit kaum geringerem Schrecken überzogen: mit Plünderung, Brandschatzung, Zerstörung und der totalen Vernichtung vieler Existenzen. Die Ängste, die den Bauern überfielen, der am Ende eines mühevollen Arbeitsjahres seine kümmerliche Ernte eingebracht hatte und der plötzlich Pferdegetrappel und Landsknechtsstiefel auf der Straße hörte (egal, ob die des eigenen oder fremden Heeres), diese Ängste waren sicherlich nicht geringer als die des Städters beim Motorengeräusch feindlicher Flieger während des zweiten Weltkrieges.

Wir meinen immer, früher sei alles ganz anders gewesen, und eigentlich habe überhaupt alles erst in unserem technischen Zeitalter begonnen. So sprechen wir heute viel von der Interdependenz der Weltwirtschaft und glauben, daß sie eine Folge der heutigen allgemeinen Verflechtung sei. Mir sind Zweifel daran gekommen, seit ich die Folgen des amerikanischen Unabhängigkeitskrieges in den Kassenbüchern von Friedrichstein verfolgen konnte! In den Jahren von 1778 bis 1784 sind die Roheinnahmen ohne ersichtlichen Grund sprunghaft angestiegen. Gründliche Nachforschungen ergaben, daß Königsberg und Danzig damals in der Preisbildung für Getreide vom Londoner Markt abhängig waren. Die Preise in London zogen aber nach 1777 scharf an, und die wachsende Nachfrage nach ostpreußischem Getreide zu steigenden Preisen hatte in Ostpreußen eine Art boom erzeugt.

Die Aufgabe, die der Baseler Professor mir gestellt hatte, hatte gelautet: Die Entstehung eines östlichen Großgrundbesitzes von der Ordenszeit bis zur Bauernbefreiung zu untersuchen. Ich war ihm damals oft gram ob der langwierigen und komplizierten Untersuchungen, die dies involvierte. Heute weiß ich, wieviel Dank ich ihm und seinem Einfall schulde, der mir dazu verhalf, die Geschichte von Friedrichstein wirklich eingehend zu studieren — also geistig von ihm Besitz zu ergreifen, ehe es materiell verloren ging.

STETS BLIEB ETWAS VOM GEIST DES ORDENS

In meinem Vaterhaus Friedrichstein stand auf einem Tisch im Gartensaal ein alter, goldener Barockrahmen. Er enthielt fünf oder sechs kleine Kupferstiche — Porträts perückengeschmückter Herren — die in bräunlichen, ein wenig abgeschabten Samt eingelassen waren. Es handelte sich um polnische Familienmitglieder, wie aus kleinen Messingplatten zu entnehmen war, die unter jedem der Bilder Namen und Rang des Dargestellten verzeichneten. Da gab es Wladislaw und Kasimir, Bogislaw und Stanislaus Dönhoff. Sie wurden als Woiwoden von Pommerellen, von Dorpat oder Oberpalen, als Starosten, als Krongroßmarschall oder Oberhofmeister der polnischen Königin vorgestellt.

Die fremdländischen Namen und Titel hatten mich zwar als Kind fasziniert, aber da ich genealogische Forschungen für eine alberne Spielerei von Erwachsenen hielt (wie lächerlich, wenn sie, den Gotha in der Hand, die Ascendenz und Descendenz belangloser Leute herauf- und herunterdeklinierten — eine Beschäftigung, unwürdig der »modernen Jugend«), hatte ich nie besondere Lust verspürt, nach dem Wann und Woher dieses Zweiges der Familie zu forschen.

Erst viel später, als ich meine Doktorarbeit schrieb und zuvor das Friedrichsteiner Archiv hatte ordnen müssen, ging mir auf, daß Genealogie, richtig betrieben, nicht nur Weihrauch spendet, sondern durchaus dazu angetan sein kann, in den noch »nicht aufbereiteten« geschichtlichen Urstoff einzudringen. Bis dahin hatte ich, ohne viel nachzudenken, geglaubt, Geschichte sei das, was sich sozusagen an den großen Tagen der Völker, sowohl an den heroischen wie an den tragischen, auf dem ein wenig erhabenen Piedestal der Nation ereignet und was dann von kundiger Pädagogenhand zu Leitfäden für den Unterricht an höheren Schulen zusammengefaßt wird. Jetzt aber entdeckte ich plötzlich, daß auch am Alltag, vielleicht gerade dann, Geschichte gemacht wird und daß sich sehr wohl am Schicksal der einzelnen Familie die großen Linien der historischen Strömungen feststellen lassen.

Auch schien mir, daß im Nordosteuropäischen Raum zwischen Weichsel und Peipussee, vor allem in Livland, wo Schweden, Dänen, Deutsche, Polen, Russen in ständigem Wechsel miteinander und gegeneinander gelebt, gekämpft, Bündnisse geschlossen und sich getötet haben und wo, je nachdem, wer gerade wen unterworfen hatte, bald der eine, bald der andere die Oberherrschaft ausübte, daß also in diesem Nordosteuropa die Geschichte der einzelnen Familie fast aufschlußreicher sei als die Geschichte der Nation, um sich eines spätgeborenen Begriffes zu bedienen. Denn dort stand bis weit in die Neuzeit hinein nicht die Loyalität zum Lehnsherrn an erster Stelle, sondern die Anhänglichkeit an das unter vielen Entbehrungen erkämpfte Land. Man war gewiß nicht gern unter fremder Herrschaft, aber abgesehen davon, daß die eigene Obrigkeit gewöhnlich auch nicht eben sanft mit den Untertanen umging, hielt man vor allem am Grund und Boden fest und machte sich nicht allzu viele Gedanken darüber, wer gerade die oberste Herrschaft ausübte: der Orden, die Kirche, die Polen, Schweden, Russen oder Preußen.

Friedrich der Große hat es den ostpreußischen Ständen nie ganz verziehen, daß sie 1758 der Zarin Elisabeth gehuldigt und ihr den Treueid geschworen hatten. Für die Stände aber schien dieses Verhalten in Anbetracht der Tatsache, daß die Russen im Siebenjährigen Krieg das ganze Land besetzt hielten, das einzig Vernüftige. Übrigens ließen damals die beiden russischen Gouverneure, zuerst Fermor und dann Freiherr von Korff, die beide deutscher Abstammung waren, (welche Vorurteilslosigkeit in unseren heutigen Augen) dem Lande sehr viel Selbständigkeit. Und als Ostpreußen schließlich nach vier Jahren an den König von Preußen zurückkam, war dieses Land von all dessen Provinzen noch am besten erhalten.

Aus einem ähnlichen Grunde waren eines Tages, freilich zweihundert Jahre früher, aus deutschen Dönhoffs polnische Dönhoffs geworden. Damals nämlich, 1562, kam ein Teil Livlands, wo die Familie angesessen war, zu Polen. (Livland war zu jener Zeit die Sammelbezeichnung für Kurland, Livland, Estland).

Der Orden, der diese Gebiete kolonisiert hatte,

war durch die ständigen Überfälle der Russen zu jener Zeit so geschwächt, daß der letzte Ordensmeister, Gotthardt Kettler, sich genötigt sah, einen Vertrag mit dem polnischen König abzuschließen, durch welchen das eigentliche Livland, also das Land nördlich der Düna, an Polen abgetreten wurde, während Kurland, südlich der Düna, in ein weltliches Herzogtum umgewandelt und Kettler unter polnischer Lehnhoheit zum erblichen Herzog eingesetzt wurde. 1561 hatte Kettler in Wilna die Unterwerfungsurkunde unterschrieben und 1562 erfolgte in Riga die feierliche Vereidigung. Der Orden, der 350 Jahre existiert hatte, hörte auf zu bestehen. (In Ostpreußen war der Deutsche Orden schon 1525 unter seinem letzten Hochmeister Albrecht von Hohenzollern säkularisiert und in das Herzogtum Preußen umgewandelt worden.) Bei der feierlichen Vereidigung am 5. März 1562 in Riga legte der Ordensmeister das Siegel und den weißen Ordensmantel mit dem schwarzen Kreuz ab, nahm die Huldigung der kurländischen Ritterschaft entgegen und leistete seinerseits den Huldigungseid auf den polnischen König.

Der Teil der Familie Dönhoff, der seine Güter südlich der Düna hatte, wurde nun also herzoglich kurländisch, blieb mithin deutsch, der Teil, der nördlich der Düna saß, wurde polnisch und hat sich offenbar rasch und ohne alle Schwierigkeiten in dieses Schicksal gefunden, denn schon bald spielten einzelne Mitglieder eine nicht unwesentliche Rolle am polnischen Königshof.

Ehe der Begriff der Nation erfunden wurde und ehe das Gift der Ideologie in alle menschlichen und zwischenstaatlichen Beziehungen einsickerte, war es keineswegs ungewöhnlich, Dienste in anderen Ländern zu nehmen. Man diente dort, wo es einem erfreulich oder lohnend erschien, und dies auch nur so lange, wie man Lust dazu hatte. Die Möglichkeit, sich seinen Herrn auch außerhalb der Grenzen des eigenen Geburtslandes zu suchen, verhinderte die Ausbreitung nationaler Vorurteile und die Verengung des politischen Horizontes, die beide in späteren Zeiten so verhängnisvoll werden sollten.

Gelegentlich zeitigte dieses Verfahren freilich für unsere heutigen Begriffe auch höchst eigenartige Konstellationen. So war der preußische Außenminister Christian Günther Graf von Bernstorff, unter dem mein Großvater August Hermann Dönhoff 1821 in den diplomatischen Dienst eintrat, zuvor, von 1800 bis 1810, dänischer Außenminister gewesen. Nach seinem Rücktritt war er als dänischer Gesandter erst nach Wien und dann nach Berlin gegangen, wo Hardenberg und Wittgenstein Gefallen an ihm fanden. Da auch er Gefallen an Preußen fand, einigte man sich darauf, ihm das preußische Außenministerium anzuvertrauen. Er, der zehn Jahre Außenminister Dänemarks gewesen war, blieb nun vierzehn Jahre lang Außenminister Preußens.

Die Dönhoffs, die schon im Mittelalter ihre alte westfälische Heimat, den Dunehof an der Ruhr, verlassen hatten, um nach Osten zu ziehen, waren zunächst über ihre spätere Heimat Ostpreußen hinaus nach Livland gegangen und erst von dort aus um 1630 nach Preußen gezogen. Der erste, der 1330 mit dem Schwertritterorden nach Osten kam, war der Ritter Hermanus Dönhoff, der eine Pappenheim zur Frau hatte. Er errichtete in Livland, und zwar am Muhsfluß, also südlich Riga, einen neuen Dunehof und wurde zum Stammvater eines neuen Zweiges der Familie, der achtzehn Generationen lang im Raum zwischen der Weichsel und dem Peipus-See lebte.

Der Schwertritterorden, zu dem der Ritter Hermanus sich offenbar mehr hingezogen fühlte als zum Deutschen Orden, der ihn gleich in Preußen seßhaft gemacht hätte, hatte sein Kolonisationswerk in Livland schon dreißig Jahre früher begonnen als der Deutsche Orden, der erst 1230 die Weichsel überschritt. Und das kam so: Der junge Albert, Domherr zu Bremen, hatte sich bereit erklärt, in das östliche Land zu ziehen, wo schon seit zehn Jahren Augustiner aus dem Hannöverschen und aus Holstein den dort wohnenden Stämmen das Christentum predigten. Er erwirkte vom Papst eine Bulle, in welcher die Gläubigen Sachsens und Westfalens aufgefordert wurden, zur Vergebung ihrer Sünden die Kirche in Livland gegen die Heiden zu schützen. Albert wurde zum Bischof geweiht und fuhr im April des Jahres 1200 mit 23 Schiffen die Düna herauf, um den arg drangsalierten Missionaren, die mit Lübecker Handelsschiffen dort hingelangt waren, Hilfe zu bringen. Bischof Albert gründete während dieser Reise die Stadt Riga, welche die Hamburger Türme und den Bremer Schlüssel im Wappen führte, weil offenbar die ersten Bürger vorwiegend aus diesen Städten kamen.

Da es aber zumeist Leute waren, die das Gelübde geleistet hatten, bei der Christianisierung des Ostens mitzuwirken – die Livlandfahrt wurde vom Papst der Wallfahrt nach Rom, später sogar der Kreuzfahrt nach dem Heiligen Lande gleichgestellt –, verließen sie nach erfülltem Gelübde, und das war oft schon nach Jahresfrist, das Land wieder.

Um diesem Umstand abzuhelfen, stiftete Bischof Albert einen Orden: die Fratres militiae Christi – die Brüder des Ritterdienstes Christi. Sie trugen einen weißen Mantel, auf der Schulter ein rotes Kreuz und darunter ein Schwert und wurden deshalb der Schwertritterorden genannt. 1204 bestätigte der Papst Innocenz III. den Orden, und 1207 folgte auch der deutsche König Philipp. Bischof Albert aber verfügte nun über ein stehendes Heer und konnte jetzt, nachdem er als Zentrum der Geistlichkeit auch noch das Kloster Dünamünde gegründet und mit Zisterziensermönchen besetzt hatte, zum erstenmal ernsthaft daran denken, mit Schwert und Bibel, jener seltsamen Paarung des Mittelalters, diese Gebiete zu christianisieren.

Jahrzehntelange blutige Kämpfe mit Esten, Liven, Litauern folgten, Städte wurden gegründet, Straßen gebaut, Burgen errichtet. Aber immer wieder wurde alles zerstört. Im Jahre 1236 wurde der Ordensmeister mit all seinen Brüdern von den Litauern mit Keulen erschlagen. Einer der wenigen, die entkamen, reiste nach Rom und erwirkte beim Papst die Verschmelzung seines Ordens mit dem Deutschen Orden in Preußen. Der Deutsche Orden schickte daraufhin 60 Brüder nach Livland und setzte einen eigenen Landmeister, Hermann Balk, ein. Die Reste der Schwertritter legten nun die Tracht des Deutschen Ordens an: den weißen Mantel mit schwarzem Kreuz. Die Kämpfe aber gingen weiter und wurden immer heftiger. Bischöfe fielen in der Schlacht. Tausende von Kämpfenden wurden niedergemacht auf beiden Seiten. Und wenn es einmal eine äußerlich ruhige Periode gab, dann wuchsen die Spannungen innerhalb des deutschen Lagers.

Der Orden nämlich wollte sich nicht von der Kirche — also vom Bischof, seit 1252 vom Erzbischof — bevormunden lassen, der den Lehnseid verlangte, obgleich einige der ernannten Erzbischöfe sich gar nicht ins Land trauten, sondern lieber in Avignon blieben, das seit 1309 der Sitz der Päpste war. Bann und Exkommunikation waren die Antwort aus Avignon. Die Spannungen und Machtkämpfe zwischen dem Orden und der Kirche hatten schon sehr bald nach der Einwanderung begonnen. Mitte des 13. Jahrhunderts gehörten in Kurland etwa zwei Drittel des Landes dem Orden, ein Drittel der Kirche. In Livland war das Verhältnis umgekehrt.

Die Stadt Riga, die sich 1282 der norddeutschen Hanse angeschlossen hatte und sich vom Orden nicht mehr dreinreden lassen wollte, ging in ihrem Zorn so weit, Ordenskirchen niederzureißen und die Gefangenen — den Komthur und eine Reihe Ordensbrüder — hinrichten zu lassen. Schließlich verbündete sie sich sogar mit den Erzfeinden des Ordens, den Litauern, die daraufhin das Ordensland weit und breit in Schutt und Asche legten.

Just 1330, als Hermanus Dönhoff in Livland anlangte, war es dem Orden gelungen, die Stadt Riga nach monatelanger Belagerung auszuhungern und zur bedingungslosen Kapitulation zu veranlassen. Die Stadt stellte am 23. März 1330 den sogenannten »Nackenden Brief«, die Unterwerfungsurkunde aus, und sieben Tage später untersiegelte der Ordensmeister den »Sühnebrief«.

Der Krieg gegen die Litauer aber ging weiter. Sogenannte »Stoßreisen« wurden hierhin und dorthin, bald nach Norden gegen die aufständischen Esten, bald nach Süden gegen die Litauer unternommen, meist im Winter, wenn Flüsse und Sümpfe, die sonst die Bewegungsfreiheit einschränkten, zugefroren waren. Auch die Dönhoffs mußten von nun an an diesem keineswegs vergnüglichen Leben teilnehmen, denn es war üblich, daß alle Söhne ritterlicher Familien außer dem Ältesten, der den Hof bewirtschaftete und für den Fortbestand der Familie sorgte, in den Orden eintraten und dort die Entsagungen des mönchischen Lebens, kombiniert mit den Gefahren des soldatischen Daseins auf sich nahmen.

So blieb denn nur Gert Dönhoff, der Sohn jenes ersten Einwanderers Hermanus, auf dem Dunehof; von den beiden anderen Söhnen trat einer in den Orden ein, der andere wurde Fürstabt in Fulda. Der nächste Besitzer hatte wieder drei Söhne, von denen der älteste, Hermann, wiederum den Dunehof übernahm und die beiden anderen wieder Ordensbrüder wurden. Diese ersten vier Generationen haben ihre Frauen noch aus der alten Heimat geholt. Erst der Sohn dieses Hermann, der ebenfalls Hermann hieß, heiratete die Tochter eines Ritters aus der livländischen Nachbarschaft.

Mit der siebenten Generation betraten sie zum erstenmal die politische Bühne. Gert, »der Olde«, wurde Panierherr von Livland, was im 15. Jahrhundert noch viel bedeutet. Denn das Panier, das ursprünglich nur der Landesherr zu tragen berechtigt war, repräsentierte Autorität. In vielen Schlachten focht Gert der Olde neben dem Ordensmeister, und in friedlicheren Zeiten wirkte er am Aufbau der inneren Verfassung mit.

Zu seinen Lebzeiten starb die alte westfälische Linie aus, und der Dunehof am Ruhrfluß fiel an ihn. Aber Gert trat ihn an seine Schwester ab und zog es vor, selber in Livland zu bleiben, wo er – inzwischen zur Reformation übergetreten – zu einem der größten Grundbesitzer des Landes geworden war. Er besaß zwölf Güter, teils im Kreise Pernau, an der estländischen Grenze gelegen, teils im westlichen Kurland. Er starb 1574 in Riddeldorf.

In Friedrichstein hing ein Bild von ihm. Es zeigte ihn in Lebensgröße mit einem langen Ziegenbart und einer schwarzen Klappe über dem linken Auge. Die Legende behauptete, er sei 130 Jahre alt geworden und sei mit 70 Jahren über einen Tisch gesprungen, um seinen dicken Sohn, der im Bilde neben ihm an der Wand hing, Beweglichkeit zu lehren, und eben dabei habe er sich ein Auge ausgeschlagen.

War es für den Orden in den ersten beiden Jahrhunderten seiner livländischen Existenz schon schwer genug gewesen, mit den äußeren Feinden fertigzuwerden, im Süden mit den Litauern, im Osten mit den Polen, im Norden mit den Esten, so waren im 15. Jahrhundert zwei Ereignisse eingetreten, die neues Verhängnis heraufbeschworen. Inzwischen war nämlich Jagiello Herzog von Litauen geworden, hatte sich taufen lassen und dann Jadwiga, die Tochter des Polenkönigs Ludwig, geheiratet. Als Wladislaus II. (1386—1434) hatte er dann den polnischen Thron bestiegen, so daß nun Polen und Litauer zum erstenmal als geschlossene Macht dem Orden gegenüberstanden.

Der preußische Orden, der damals von einem politisch unbedachten, sehr kriegerisch gesonnenen Hochmeister, Ulrich von Jungingen, geführt wurde, ließ es leichtfertig zum Bruch mit Polen kommen, und in der Schlacht von Tannenberg (Gronewald) 1410 wurde der größte Teil des Ordensheeres vernichtet. Der Landbesitz beider Ordensgebiete blieb zwar ziemlich unangetastet, aber die Tribute, die zur Auslösung der Gefangenen aufgebracht werden mußten, ruinierten das ohnehin schwer mitgenommene Land vollends. Dem ersten Thorner Frieden des Jahres 1411 folgte nach jahrzehntelangen bürgerkriegähnlichen Kämpfen zwischen den Städten, die sich gegen den Orden und schließlich mit Polen zusammengeschlossen hatten, der zweite Thorner

Frieden 1466, in dem der Orden für zwei Jahrhunderte die Lehnshoheit der polnischen Könige anerkennen mußte. Nur der livländische Orden blieb zunächst noch frei.

Das zweite Ereignis, das seine Schatten weit voraus warf und in Livland erstmalig die Russen auf den Plan rief, war das Ende der Mongolenherrschaft, die bisher Rußland in Schach gehalten hatte. Nachdem es Iwan III. (1462—1505) gelungen war, sich 1480 — als das Reich der Goldenen Horde zerfiel — vom Joch der Tataren zu befreien, richtete er seine Ambitionen auf den von vielen Völkern umstrittenen Ostseeraum. 1494 ließ er den deutschen Hansehof im Großfürstentum Nowgorod schließen, was der livländischen Kaufmannschaft einen schweren Schlag versetzte. Drohend verdichteten sich die Wolken am östlichen Himmel Livlands. 1501 kam es zur Schlacht mit dem livländischen Ordensmeister Wolter von Plettenberg, dem es mit 4000 Reitern und 2000 Landsknechten nebst einem großen Troß an Letten und Esten gelang, die 30 000 russischen Reiter noch einmal in die Flucht zu schlagen.

Und dann begann eine Zeit, wo alle — Schweden, Dänemark, Polen, Rußland — darauf lauerten, daß der Orden schwach werde. Der Orden aber versuchte sich verzweifelt durch Bündnisse zu schützen, wobei jeder Teil in eine andere Himmelsrichtung nach Hilfe ausspähte. Reval hoffte auf Dänemark, Riga auf Polen. Der Ordensmeister verhandelte zunächst mit dem König von Schweden, Gustav Wasa (1524 bis 1560). Dieser schickte auch seine Landsknechte ins Feld. Weil aber Livland nicht richtig mitmachte, schloß er auf eigne Faust Frieden mit Rußland. Daraufhin ging der Orden 1557 mit den Polen ein Schutz- und Trutzbündnis gegen Rußland ein, den sogenannten Frieden von Poswol. Dieses Bündnis war allerdings eine Art Termingeschäft, denn es konnte, wie sich herausstellte, erst 1562 in Kraft treten, weil König Sigismund II. August bis dahin den Frieden mit Moskau vereinbart hatte. So daß, als die Russen 1558 Dorpat und große Teile Livlands eroberten, niemand dem Orden zu Hilfe kam, auch die norddeutschen Städte nicht, weil sie am Handel mit Rußland interessiert waren.

Zu dieser Chronik allgemeinen Verfalls boten die Bischöfe Livlands noch einen besonderen Beitrag: Im gleichen Jahr gelang es nämlich dem Bischof von Ösel und Kurland, seine Besitzrechte an den dänischen König zu verhandeln und sich selber nach Verden abzusetzen. Desgleichen verkaufte der Bischof von Reval jenem sein Bistum und zog sich nach Deutschland zurück. So landete der Bruder des dänischen Königs, Herzog Magnus, 1560 auf Ösel, was darum nicht unbedenklich schien, weil Dänemark von eh und je Anspruch auf gewisse Teile Livlands erhob. Schon ganz zu Anfang der Ordensherrschaft hatte Dänemark, vom Ordensmeister zu Hilfe gerufen, Estland besetzt. Über hundert Jahre, bis 1345, hatte ein dänischer Hauptmann von Reval aus das Land verwaltet, bis König Waldemar IV. (Atterdag) es dem Orden für 19 000 Mark Silber verkaufte.

Jenes Jahr 1562, in dem der Orden säkularisiert

wurde und die polnische Linie der Dönhoffs entstand, sah Livland in sechs verschiedene Teile zerfallen:

1. Der Norden Estlands leistete dem König von Schweden den Treueid.
2. Den Rest Estlands hatten die Russen in Besitz genommen.
3. Livland hatte sich dem polnischen König unterworfen.
4. Kurland wurde Herzogtum unter polnischer Lehnsherrschaft.
5. Die Insel Ösel, sowie Wieck und Pilten gehörten den Dänen.
6. Nur die Stadt Riga besaß noch ihre volle Selbständigkeit.

In diesem auf solche Weise zerstückelten Lande kämpfte jeder gegen jeden. Die Schweden stritten gegen die Dänen, die Polen gegen die Russen — alles auf livländischem Boden. Die Schweden schlossen schließlich Waffenstillstand mit den Russen, aber nur, um daraufhin gegen die Polen Krieg zu führen. 1570 setzte Iwan IV., der Enkel Iwans III. und der Erbin des letzten griechischen Kaisers aus dem Hause Palaeologue, den Herzog Magnus von Dänemark zum König von Livland ein, nachdem dieser eine Nichte des Zaren geheiratet hatte. Aber Herzog Magnus unterwarf sich, ungeachtet der zaristischen Oberhoheit, einige Jahre später den Polen, und diese verbanden sich wiederum mit den Schweden gegen die Russen.

Noch unübersehbarer wurde dieses Chaos, als

Sigismund Wasa, der einzige Sohn des schwedischen Königs, der 1587 zum König von Polen gewählt worden war, 1592, nach dem Tode seines Vaters, auch noch den schwedischen Thron bestieg und nun wirklich nicht mehr wußte, ob er mit sich selbst Krieg führen oder Bündnisse schließen sollte.

Kein Wunder, daß unter solch verworrenen Umständen die livländischen Grundbesitzer nur einen Wunsch hatten: einem starken Lehnsherrn zu dienen, gleichgültig, welcher Nationalität dieser sein mochte. So scheint es, daß Gert, der Olde, und seine Söhne den Entschluß, einen Teil Livlands unter Wahrung seiner Eigenständigkeit an Polen abzutreten, durchaus bejaht haben.

Die Nachkommen jenes dicken Sohnes, also die Enkel von Gert, dem Olden, bekleiden bereits alle recht hohe Stellungen im polnischen Staat: Gerhard, der älteste, der noch Besitzer des Dunehofs ist, wird Gouverneur zu Livland; Otto ist Woiwode von Dorpat, Christoph Kastellan von Witebsk, Theodor Woiwode von Wenden, Heinrich ist General und Starost zu Dünaburg.

Der Sohn dieses Heinrich, 1650 geboren, ist ein Patenkind des polnischen Königs Johann Kasimir und heißt daher auch Johann Kasimir Graf Dönhoff. Er war früh in den geistlichen Stand getreten und zur Zeit von Papst Innocenz XI. Odescalchi nach Rom gegangen, wo er seinen theologischen Studien oblag und nach einiger Zeit in die Hausprälatur des Papstes eintrat. König Johann Sobieski machte ihn zum polnischen Gesandten, und im Jahr 1686 wurde der Sechsunddreißigjährige vom Papst zum Kardinal ernannt und mit dem Bistum Cesena in der Provinz Forli betraut, einem der ältesten Bischofsitze Italiens. Er lebte offenbar in großer Bedürfnislosigkeit. Während der Pestepidemie sei er, so heißt es in der Chronik, furchtlos in die Elendsquartiere von Warschau gegangen. Überhaupt war sein Hauptinteresse die Pflege der Armen. Er starb im Jahre 1697 in Rom, wo er in der Kapelle St. Carlo begraben liegt.

Jener älteste Sohn Gerhard, der auf dem Dunehof blieb, hat wieder vier Söhne, von denen zwei unter polnischem Panier gegen die Türken fallen. Sie stellen die zehnte Generation dar, die im Osten lebt und in der sich nun deutlich zwei Linien herauskristallisieren: die eine, die nach Preußen tendiert und die sich in der elften Generation auch in Ostpreußen ankauft, und die andere, die jetzt ganz in die polnische Aristokratie hineinwächst und in der polnischen Geschichte aufgeht.

Da ist Caspar, der nach der Thronbesteigung Ferdinands III. nach Wien geschickt wird, um für den König von Polen um die Hand der Schwester des Kaisers — Erzherzogin Cäcilia Renate — anzuhalten. Zum Dank für die erfolgreiche Mission wird er vom Kaiser zum Reichsfürsten und vom polnischen König zum Krongroßmarschall ernannt. Seine Söhne heiraten Töchter aus großen polnischen Familien: Radziwill, Lesczinski und Osalinski.

Der jüngste Bruder der zehnten Generation, Gerhard, geboren 1590, nahm an den Schlachten gegen den Kalifen Osman teil, der mit 300 000 Türken in Polen einbrach und die Gelegenheit des großen (dreißigjährigen) Konfessionskrieges im Deutschen Reich zu einem Vorstoß nach Westen benutzte. Nachdem er geholfen hatte, die Ungläubigen aus dem Felde zu schlagen, wandte er sich gegen den »Ketzer« Gustav Adolf, der gerade seinen Siegeszug durch Polen und Preußen begonnen hatte. Gerhard Dönhoff führte das Kontingent, das die Schweden zur Aufhebung der Belagerung von Thorn zwang. Er wurde reich belohnt durch drei Starosteien in Livland und die Ernennung zum Woiwoden von Pomerellen.

Nach dem Tode seiner Gattin Cäcilia Renate schickte Wladislaus IV. Gerhard Dönhoff nach Paris, damit er dort für ihn den Ehekontrakt mit Louise Marie von Nevers Gonzaga, der reichen Tochter des Herzogs von Mantua, schlösse. Als Wladislaus IV. schließlich starb, gab es nur noch einen Wasa, nämlich seinen Stiefbruder Johann Kasimir, den Kardinal. Der Papst entband ihn von seinen Gelübden, damit er als letzter Wasa den Thron besteigen könne. Nachdem dies geschehen war, heiratete Johann Kasimir (der Pate des früher erwähnten Kardinal Johann Kasimir Dönhoff) die verwitwete Königin Louise Marie, bei der Gerhard Dönhoff weiterhin Oberhofmeister blieb. Ja der neue König ernannte ihn nun auch noch zum Kastellan von Danzig und zum »Schiffs- und Kriegskommissar für die Seeflotte«.

Gerhard Dönhoff ist auf diese Weise der einzige

Admiral gewesen, den es in Polen vor 1918 je gegeben hat. Freilich, und dies ist auch der Grund für die Einmaligkeit, gab es gar keine Flotte; der Admiral sollte sie erst bauen, aber dazu kam es nicht, weil Danzig, das neben seiner eigenen keine andere Flotte dulden wollte, sich diesem Plan erfolgreich widersetzte. Einer der beiden Söhne dieses »Admirals« fiel 1683 in einer Schlacht gegen die Türken, und 1731 ist die Linie dann erloschen.

Die preußische Linie aber, die Magnus Ernst (geb. 1581) begründete – er ist die interessanteste Persönlichkeit der zehnten Generation – blieb weiter bestehen bis zum heutigen Tage. Ehe ihr allmähliches Hineingewobenwerden in die preußische Geschichte verfolgt wird, ist es jedoch notwendig, noch einmal einen Blick auf die allgemeine politische Situation in Nordosteuropa zu werfen.

Magnus Ernst war 19 Jahre alt, als die Schweden unter Karl IX. von Södermannland in Estland einfielen. Karl IX. war der Onkel jenes Sigismund, der als König von Schweden und zugleich von Polen nie wußte, ob er mit sich selbst im Bündnis- oder im Kriegszustand lebte: den schwedischen Ständen hatte er als schwedischer König feierlich versichert, daß er Estland nie von Schweden trennen werde, gleichzeitig aber hatte er bei seiner Krönung zum polnischen König in Krakau urkundlich versprochen, den von Schweden besetzten Teil Livlands – also Estland – der Krone Polens einzuverleiben. Da Sigismund in Polen residierte, sich also außerhalb des Landes befand, stellten die Schweden sich hinter seinen protestantischen Onkel Karl IX., der mit einem Heer in Estland einfiel und das Land eroberte. Dieser schwedisch-polnische Krieg dauerte, nur von gelegentlichen Waffenstillständen unterbrochen, 60 Jahre. Er schwächte beide Anlieger des Ostseeraumes und gab Rußland die Möglichkeit, ungehindert stark zu werden und sich auf die Rolle des lachenden Dritten vorzubereiten.

Als Karl IX. gestorben war und sein Sohn Gustav Adolf den schwedischen Thron bestiegen hatte, begann der Krieg der Schweden gegen Polen von neuem, und zwar mit dem Ziel, Sigismund dazu zu bringen, dem Thron zu entsagen. Gustav Adolf eroberte Kurland, den größten Teil Livlands und schließlich auch Polnisch-Preußen, bis auf Danzig und Thorn, das von Magnus Ernst Dönhoffs jüngstem Bruder so erfolgreich verteidigt wurde. Der Waffenstillstand von Altmark bei Elbing und später von Stuhmsdorf schafften schließlich ein paar Jahre Ruhe, die das gleichzeitig von Türken und Schweden schwer geplagte Polen dringend nötig hatte. Nach Gustav Adolfs Tod 1632 traten die Russen auf den Plan. Die Kosaken sammelten sich an der polnisch-podolischen Grenze, und bald stand die ganze Ukraine in Flammen: »Tod der Szlachta, Tod den Jesuiten«, so lautete die Losung gegen den polnischen König, der einst Kardinal und Jesuit gewesen war.

Während Polen in den Krieg mit Rußland verwickelt war, eroberte Karl X., der Nachfolger der Königin Christine von Schweden, die ihrem Vater Gustav Adolf auf den Thron gefolgt war, in großem

Siegeszug Livland und Polen einschließlich Warschau und Krakau. Nun sah auch der Große Kurfürst von Brandenburg seine Stunde gekommen. Er versprach den Schweden Waffenhilfe, und nach der mit seiner Assistenz siegreich bestandenen Schlacht von Warschau erkannten ihn erst die Schweden und dann auch die Polen als souveränen Herzog in Preußen an. Es kam 1660 zum Frieden von Oliva zwischen Schweden, Polen und Brandenburg. Der Frieden von Oliva beseitigte die letzten Lehnsrechte des polnischen Königs in Preußen und etablierte wieder die 1466 im zweiten Thorner Frieden verlorengegangene volle Souveränität Brandenburgs in Ost- und Westpreußen.

Magnus Ernst Dönhoff ist der erste seines Namens, der die übliche Kavalierstour unternimmt. Ein junger Mann aus adeligem Hause wurde, wenn die Familie es sich leisten konnte und er selbst das Zeug zu einer politischen Zukunft erkennen ließ, auf eine mehrere Jahre währende Reise geschickt. Gewöhnlich begann sie in Polen, führte dann zur Universität Leiden, dann durch Frankreich und schließlich nach Italien; wobei es nicht selten vorkam, daß der junge Reisende an den Feldzügen des Gastlandes teilnehmen mußte.

Magnus Ernst, der ja aus Polen kam und daher die polnische Sprache beherrschte, begann seine große Tour sogleich in Leiden, wo er Geschichte studierte. Im Jahr 1600 nahm er an der Schlacht von Nieuport teil, in der Moritz von Nassau die Spanier vernichtend schlug. Dann ging er nach Frankreich an den

Hof Heinrichs IV. von Navarra, wo ein anderer Ostpreuße damals großen Respekt genoß, der Staatsmann Graf Fabian Dohna, und schließlich bereiste er noch Italien.

Leider hatten sich im Friedrichsteiner Archiv die Berichte über seine Ausbildungsreise nicht erhalten. Es gibt aber ein umfangreiches Tagebuch zweier junger Ostpreußen, Freiherr Friedrich zu Eulenburg und Ahasverus Graf Lehndorff (der später eine Dönhoff heiratete), die mit ihrem Erzieher und einem Diener 1653 für mehrere Jahre aufbrachen. Aus diesem Tagebuch kann man ein höchst anschauliches Bild solcher Kavalierstour gewinnen.

Lehndorff ist 16, Eulenburg erst 13 Jahre alt. Vater Eulenburg hat dem Erzieher eine Instruktion mit auf den Weg gegeben, in der bis ins einzelne festgelegt ist, was sie tun und lernen und was sie sich ansehen sollen. Der Zweck der Reise ist, alle »ihrem Stande wohlanstehenden Wissenschaften und Tugenden zu erwerben« sowie die Sprachen jener Länder zu erlernen. Sie werden ermahnt, stets ihren Gott im Herzen und vor Augen zu haben, keine Sonntagspredigt zu versäumen und sich gegen den Hofmeister stets gehorsam zu erweisen.

Sie sollen fleißig studieren, in den Ferien viel reisen, sollen »reinlich, aber nicht hoffärtig« gekleidet sein, sich jährlich mit einem Sommer- und einem Winterkleide begnügen: »Bey der Reise aber sollen sie alles fleißig besehen, in acht nehmen und sonderlich des Zustandes eines jeden Landes, wie nemblich und von wem es regieret wird, worinnen dessen Einkünfte und Macht bestehet, sich erkündigen. Auch in den Städten und allen Örtern herumb zu gehen und alles zu besichtigen, sich nicht träge oder nachlässig erweisen, insonderheit auf alle Thürme steigen, weil von denselben man den situm et fortificationem loci am besten sehen kan. Dabey auch fleissig alles notiren und aufschreiben, damit sie gleichwoll von ihrer Reise mir, oder da ichs nicht erlebe, den Ihrigen Relation thun können und solches jährlich fein ordentlich hereinschicken.«

Ihre Pflicht zu tun und der Ehre ihres Geschlechts eingedenk zu sein, das sind die Maximen, die ihnen als Kompaß mit auf den Weg gegeben werden. Individuelles Glück, Wohlstand und Bequemlichkeit sind einstweilen noch bürgerliche Vorurteile, mit denen man sich nicht aufhält. Der Vater hat die genaue Tageseinteilung für die Ausbildungszeit vorgeschrieben: Um 6 Uhr früh sollen sie sich zu den Büchern verfügen und bis 10 Uhr dabei bleiben. Von 10 bis 11 soll der Mathematicus kommen und sie in Geometria, Fortificatione und Geographicis instruieren. Von 11 bis 12 der Musicus, von 12 bis 1 wehret die Mahlzeit, von 1 bis 2 werden sie in Dichtung und Stilübung unterwiesen, von 2 bis 4 sollen sie abermals studieren, und von 4 bis 5 auf dem Tanz- oder Fechtboden sein.

Der Stundenplan wechselt je nach dem Lande, in dem sie sich befinden. So heißt es, daß sie in Italien Spanisch und auch Architektur betreiben sollen, da sie voltigieren und tanzen ja schon in Frankreich gelernt hätten. Stets wird ihnen anempfohlen, schon drei Monate, bevor sie in ein neues Land gehen, sich mit dessen Sprache zu beschäftigen. Tagsüber müssen sie des Landes Sprache praktizieren, »auf den Stuben aber muß kein ander Wort als Latein geredet werden«.

Die Anweisungen werden aufs Wort befolgt: Über Seiten und Seiten gehen die Beschreibungen von Städten, Sehenswürdigkeiten, Burgen, Kirchen, ferner die Darstellungen der Geschichte, des Staatsaufbaus und der Besoldungen in den einzelnen Rängen der jeweiligen Heere. Das, was da entstanden ist, ist eine kuriose Mischung von Baedeker und »Gemeinschaftskunde«.

Gelegentlich resümieren sie auch ihre Eindrücke. So etwa schreibt Eulenburg 1655 über die Polen: »Der Adel ist von großer Statur und stark, weiß seine Sebel mit verwunderlicher Behendigkeit zu gebrauchen, ist insgeheim mehr als seiner Muttersprache kundig, freygebig und gutpäbstlich. Dabei wann man das Blatt umkehret, ist er frech, stolz, aufgeblasen, eigensinnig, seiner Freiheit so jaloux, daß er sich oft wider den König auflegt, sollte darüber gleich alles zu Drümmern und zu Boden gehen. Mönch und Pfaffen sind in großem Credit, polnische Kauffleuthe gibt's wenig, die Bauern sind armselig und fast Esclaven.«

Und 1656 schreibt derselbe Eulenburg über die Holländer: »Sie sind groß und stark; in Worten, Kleider, Essen und Trinken zwar schlecht, aber sehr vorteilhafftig, nicht so ehr- als geldsüchtig, lieben die Reumlichkeit so sehr, dass man an, vor und in ihren Häusern, Stuben, Kabinetten, Fenstern und Hausgeräth seine Wunder siehet ... Die Freyheit zu reden, auch von der Obrigkeit selbst, läufft fast hinauss auf eine Medisance. Vor ihre Freyheiten lassen sie Leib, Gut und Bluth.«

Daß die jungen Herren sich auch amüsieren, zeigen gelegentliche Eintragungen, so wenn es am 26. Octobris 1656 heißt: »Monsieur Schlieben und von Birkenfeld gaben etlichen Landsleuthen ein Gelach, wo Mirzinsky die Lust durch ein zweyfaches Querel ziemlich verstörte. Den 27. Octobris schlugen etliche unserer Freunde, in Meinung uns einen Gefallen zu thun, des nachts unserem Wirth die Fenster ein.«

In Frankreich, wo sie das Jahr 1658 zubringen, erleben sie neben vielen anderen Merkwürdigkeiten eine königliche Krankenheilung. Den französischen Königen wurde ja, als eine besondere Form des Gottesgnadentums, die Fähigkeit zugeschrieben, Kranke heilen zu können. Die Eintragung lautet: »Am ersten Januar, Sonntag, sahen wir den König (Ludwig XIV.) aufm Louvre die Kranken, so man mehrerer Sicherheit halber vorher genau untersuchet und reihenweis in der langen Galerie hatte knien lassen, touchieren, und drauf bey lieblicher Erschallung seiner 24 Violons öffentliche Taffel halten.«

»Am 28. Januar sahen wir aufm Louvre das königliche Ballett nebst einem Ball und truckner Collation, wo der König, le Duc de Guise, der Marquis de Richelieu, die Princesse von England, Mademoiselle Duchesse d'Orleans und die drei Niècen des Cardinals (Mazarin) allerlei Couranten getanzt.«

Ein andermal sehen sie den König »in weißen Unterkleidern« im Jeux de Paume Federball spielen. Auch assistieren sie in der Osterwoche den Fußwaschungen, die König und Königin nach einem uralten Ritus am Gründonnerstag an den Ärmsten der Armen — gewöhnlich waren es 12 oder 13, entsprechend der Zahl der Jünger Jesu Christi — vornahmen.

Oft treffen sie durchreisende Landsleute, essen und disputieren mit ihnen oder fahren zusammen hinaus in den Bois de Vincennes. Immer neue Namen tauchen auf: Öttingen, Turchsess, Schwerin, Dönhoff, Wedel, Marwitz, Brockdorf ... Es ist erstaunlich, wie viel gereist wird, ungeachtet der Unbequemlichkeiten, die jede Art der Fortbewegung, ob mit Kutsche, Schiff oder »Karren«, in jener Zeit mit sich brachte.

Solche Unbequemlichkeiten sind selbstverständlich. Man läßt sich durch sie nicht abschrecken; auch nicht davon beispielsweise, seine Kinder in Schulen zu schicken, die oft nur in wochenlangen Reisen zu erreichen waren. So wurden beispielsweise angehende Theologen aus Livland nach Treptow in Pommern geschickt, wo damals zwei berühmte Theologen lehrten: Johann Bugenhagen und Andreas Knopken, die beide Anhänger und Mitarbeiter Luthers waren. Als eben aus diesem Grunde der zuständige Bischof 1521 die Schule aufhob, nahmen die livländischen Schüler den Andreas Knopken mit nach Riga in ihre Heimat, wo er bald Einfluß gewann und schließlich die Reformationsbewegung auslöste.

Jene Eulenburgsche Kavalierstour fand zwei Generationen nach Bogislav Ernst's Studienreise statt, aber im Prinzip hatte er auf die gleiche Weise die Welt, das heißt andere Länder und ihre Probleme, neue Menschen und fremde Sprachen, kennengelernt. Nach seiner Rückkehr nahm er unter polnischem Panier an den Kriegen gegen die Türken teil. Magnus Ernst hatte in späteren Jahren ein deutsches Regiment angeworben, das er König Sigismund von Polen zur Verfügung stellte. Im ganzen aber waren seine Bemühungen mehr auf die Etablierung des Friedens gerichtet als auf Kriegsvorbereitung. Er, der vom König mit dem Schloß Ambothen in Kurland, südöstlich von Mitau, belehnt worden war, besaß sowohl Grundbesitz im Herzoglich-Kurländischen, wie auch im Livländisch-Polnischen. Und schließlich liebte er Preußen, woher seine Gemahlin, eine Gräfin Dohna, stammte. Sein Hauptinteresse mußte daher auf die Wiederherstellung friedlicher, geordneter Zustände in diesem, von immer neuen Kriegszügen verwüsteten Nordosteuropa gerichtet sein.

Magnus Ernst gehörte zu der Kommission, die seit 1625 auf einen Friedensschluß zwischen Schweden und Polen hinarbeitete. Er ist sowohl an den Waffenstillstandsverhandlungen in Altmark, wie in Stuhmsdorf in Ostpreußen maßgeblich beteiligt gewesen. Sie führten schließlich dazu, daß Schweden alle Eroberungen in Preußen aufgab, Livland aber behielt. Für Schweden hatte der spätere Reichskanzler Oxenstjerna dort verhandelt; auf polnischer

Seite traten fünf Gesandte auf: der Großkanzler und Bischof von Kulm, ferner Jakob Sobieski, ein Potocki, ein Ostrowski und Magnus Ernst Dönhoff. (Im Friedrichsteiner Archiv befanden sich 44 Briefe, die er während des Feldzugs von Gustav Adolf an den Hetman von Litauen, Christoph Radziwill, in lateinischer Sprache geschrieben hat.)

Im Jahre 1630 leiht Magnus Ernst dem Kurfürsten Georg Wilhelm von Brandenburg ein Kapital von 30 000 polnischen Florin zu 6 Prozent Zinsen. Als Pfand dafür erhält er das Kammeramt Waldau im Pregeltal in Ostpreußen, wo er oft und gern gelebt hat. Drei Jahre später erhob Kaiser Ferdinand II. ihn und seine Brüder in den Reichsgrafenstand. Diese Ehrung von kaiserlich-deutscher Seite hinderte den polnischen König nicht daran, ihn zum Woiwoden von Pernau und zum Starost von Dorpat und Oberpahlen zu machen — noch kannte man nicht den nationalen Eifer späterer Zeiten.

Durch jenen kurfürstlichen Pfandvertrag einmal mit Ostpreußen verbunden, wächst das Attachement an dieses Land, zumal seine drei Söhne dort in Waldau am Pregel geboren worden sind. Noch gibt zwar die Tradition den Ausschlag: Der älteste Sohn wird polnischer Kammerherr und »Marschall des Großherzogtums Litauen«. Auch der zweite Sohn bleibt in der bisherigen Heimat und wird polnisch-sächsischer Leutnant, aber Friedrich, der jüngste, orientiert sich nach Preußen hin. Und während nun in der Folgezeit der polnische Zweig allmählich in den Hintergrund tritt und verblaßt, wird im 18. und 19. Jahrhundert die von Friedrich begründete preußische Linie dominierend, was zweifellos symbolisch für die politische Situation und die Machtverhältnisse der damaligen Zeit war.

Preußen unter der starken Persönlichkeit des Großen Kurfürsten, der glaubhaft ein Prinzip verkörperte, das über persönlichem Ehrgeiz und machtpolitischer Egozentrik stand, war eben ein Magnet für diejenigen, die unter dem chaotischen Wirrwarr Generationen währender Kämpfe um irgendwelche Thronansprüche gelitten hatten.

Friedrich Graf Dönhoff, geboren 1639 im Kammeramt Waldau, nahm früh den reformierten Glauben des hohenzollernschen Hauses an, begab sich auf die Kavalierstour und trat, zurückgekehrt, in brandenburgische Dienste. Er stieg langsam – preußisch systematisch – auf, war Rittmeister, Oberst und schließlich, als General, Chef des Ersten Regiments. Mit 38 Jahren wurde er Generalwachtmeister und Gouverneur von Memel sowie Geheimer Kriegsrat.

Zum Großen Kurfürsten hatte Friedrich Dönhoff ein echtes Vertrauensverhältnis, vor allem seit er die Tochter des Freiherrn Otto von Schwerin geheiratet hatte, der zusammen mit Meinders die maßgebliche Rolle bei allen politischen Erwägungen am brandenburgischen Hof spielte. Der Nachfolger des großen Kurfürsten, Friedrich III., der später als Friedrich I. zum ersten preußischen König gekrönt wurde, ernannte Friedrich Dönhoff zum Oberkämmerer, dem damals höchsten Amt am Hofe.

Jene Schwerin hatte übrigens eine sehr reizvolle Tapisserie gestickt, mit der ein kleines Kabinett in Friedrichstein bespannt war: auf grauem Leinen waren in chinoiser Manier und in verschiedenen Farben menschliche Figuren, seltsame Tiere, Bäume und Tempel appliziert. Einige Generationen später um 1900 hatte noch einmal eine Frau des Hauses, meine Mutter, eine Wandbespannung — Blumen und Vögel — für ein kleines Boudoir entworfen und dann teils gestickt, teils gemalt. Es war ein oft bestauntes Wunderwerk des Jugendstils.

Friedrich Dönhoff blieb den Träumen seiner Jugend treu und kaufte im Jahr 1666 die Herrschaft Friedrichstein, die auf der anderen Seite des Pregels, fast gegenüber seinem Geburtsort Waldau, lag. Damit hatte nun die Familie für die nächsten 300 Jahre ihren festen Anker in Ostpreußen.

Als der Begründer dieser neuen Heimat starb, übernahm sein Sohn Otto Magnus den Besitz Friedrichstein. Er war wie sein Großvater Magnus Ernst mit einer Dohna verheiratet, und zwar mit der Tochter des Feldmarschalls Graf Alexander Dohna, welcher der Erzieher des Kurprinzen und späteren Königs Friedrich Wilhelm I. war.

Otto Magnus, geboren 1665, studiert in Leiden, heiratet entgegen den Gepflogenheiten seiner Vorfahren sehr jung, nämlich mit 21 Jahren, die damals erst 15jährige Amalie Dohna. Aber der junge Ehemann muß schon bald in den Krieg gegen Ludwig XIV. ziehen, der erobernd in Deutschland einbrach. Er kämpft bei Neuß und wirkt bei der Belagerung von Kaiserswerth und Bonn mit; vor Namur wird er dreimal verwundet. Nach Beendigung des Feldzuges wird er brandenburgischer Gesandter in Hannover und mit 36 Jahren zum Gesandten in Wien ernannt. Im letzten Moment aber ändert der Kurfürst seinen Sinn und macht ihn zum Generalkriegskommissar und Mitglied des Geheimen Rates. Noch im selben Jahre 1701 bei der reichlich pompösen Krönung des ersten preußischen Königs in Königsberg trägt Otto Magnus in dem großen Krönungszug die Krone der Königin Sophie Charlotte und erhält als einer der ersten den neu gestifteten Orden vom Schwarzen Adler.

Aber einige Jahre später, 1708, fallen Dönhoff und Dohna in Ungnade, weil sie versucht hatten, dem Günstlingswesen entgegenzutreten, das sich unter Kolbe von Wartenberg und Wittgenstein am Hof ausgebreitet hatte. Pöllnitz-Herzberg schreibt in seinen »Memoiren zur Lebens- und Regierungsgeschichte der vier letzten Regenten des preußischen Staates«, die beiden Ostpreußen Dohna und Dönhoff hätten ihre Minen gegen den Premierminister Wartenberg und dessen Clique meist durch einen nicht sonderlich geschickten hannoverschen Herrn von der Wense legen lassen. Otto Magnus, darüber zur Rede gestellt, habe geantwortet: »Man muß eben einem Glück von Zeit zu Zeit einen Ochsen opfern«. Pöllnitz meint, diese beiden Männer seien eigentlich wie Volkstribunen gewesen: »Beyde waren überzeugt, daß der Regent nur insoweit groß und mächtig seyn könne als seine Unterthanen im Stande wären ihn zu unterstützen« — eine Ansicht, die, fast 100 Jahre vor der großen Revolution geäußert, zeigt, wie unabhängig man in Preußen war.

Als 1710 das Kabinett Wartenberg, dem neben Wittgenstein auch noch Wartensleben angehörte — weswegen es das »Dreigrafenministerium« oder auch »das dreifache Weh« genannt wurde — zurücktreten mußte, weil der Kronprinz Mißstände in der Domänenverwaltung aufgedeckt hatte, wurden die beiden Ostpreußen aus der »Verbannung« wieder nach Berlin zurückgeholt. Otto Magnus wurde zu den Friedensverhandlungen nach Utrecht gesandt, wo der langen Epoche des spanischen Erbfolgekrieges endlich ein Ende gesetzt werden sollte. Otto Magnus, der ein sehr kultivierter und literarisch gebildeter Mann war, genoß dort allgemeine Achtung. Überdies: »Sein hübsches und liebenswürdiges Weib wurde überall (in Utrecht) ausgezeichnet und spielte eine große Rolle«, schreibt Ernst Ahasverus Graf Lehndorff, der Kammerherr der Gemahlin Friedrichs des Großen, in seinen Aufzeichnungen »Dreißig Jahre am Hof Friedrichs des Großen«. Otto Magnus hat die preußischen Interessen offenbar sehr sinnvoll vertreten, denn, nach zwei Jahren zurückgekehrt, wurde er von Friedrich Wilhelm I., der als Kronprinz sein Bundesgenosse im Kampf gegen die »drei Wehs« gewesen war, zum Geheimen Staatsminister und Generalleutnant ernannt.

In den Jahren der »Verbannung« hatte Otto Magnus in Ostpreußen auf dem Besitz, den sein Vater erworben hatte, das Schloß Friedrichstein gebaut, dessen Entwurf von Jean de Bodt stammte, einem französischen Architekten, der erst in oranischen und dann in brandenburgischen Diensten stand und der der Erbauer des Zeughauses in Berlin war. In seinem Buch »Ostpreußische Herrenhäuser« nennt C. von Lorck Friedrichstein »das Meisterwerk Jean de Bodts, der damit einen neuen und selbständigen deutschen Schloßtyp schafft«. Lorck meint, »die Parkfassade dieses Schlosses im Pregeltal darf wohl als die kulturgeschichtlich bedeutendste (in Ostpreußen) bezeichnet werden.«

Aber Otto Magnus hat wenig Gelegenheit, sich an dem von ihm geschaffenen Bauwerk zu erfreuen. Sein König hat immer neue Ambassaden und Aufträge für ihn. Als der Stern Karls XII. auf dem Schlachtfeld von Poltava untergegangen war, stürzten sich Preußen, Dänemark, Sachsen und Polen auf den geschlagenen Heros. Otto Magnus wird von Friedrich Wilhelm I. für den Pommernfeldzug in seine Begleitung gerufen. Er war an der Rückeroberung von Stralsund beteiligt sowie an der Besetzung Rügens. Und als Friedrich Wilhelm I. im Mai 1716 den Zaren Peter den Großen in Stettin empfing, stand Otto Magnus an seiner Seite.

Neben Generalleutnant Otto Magnus waren auch die drei jüngeren Brüder Generale unter Friedrich Wilhelm I., nämlich Alexander, Bogislav-Friedrich und Ernst Wladislav. Alexander Dönhoff stand an der Spitze des berühmten Regiments Varennes und wurde vom König zum Kommandanten von Berlin ernannt. Nach ihm hat der Dönhoffplatz seinen Namen, der heute zwar in Ostberlin liegt, aber noch unverändert weiter so heißt.

Alexander Dönhoff saß in dem Kriegsgericht, das am 27. und 28. Oktober 1730 zusammentrat, um Katte und den Kronprinzen abzuurteilen. Der König hatte 15 Offiziere bestimmt, die in fünf Ranggruppen — jede richtete für sich und verfertigte darüber ein eigenes Protokoll — ihr Votum abgaben: drei Generale, (Schwerin, Dönhoff, Linger), ebensoviel Obersten, Oberstleutnants, Majore und Kapitäne.

Das Gericht, das unter Vorsitz von Achaz von der Schulenburg tagte, erklärte sich hinsichtlich des 18-jährigen Kronprinzen außer Kompetenz, hinsichtlich des Leutnants Katte stimmten die Kapitäne für lebenslängliche Festung, die Majore für Hinrichtung durch das Schwert, die Oberstleutnants für Hinrichtung durch das Schwert, aber unter Hinweis auf königliche Gnade, die Obersten für lebenslängliche Festung mit der Bitte um Gnadenmilderung und die Generale für lebenslängliche Festung. Zusammengefaßt wurde der kriegsgerichtliche Spruch zu: »lebenslänglicher Festungshaft.« Fontane, der den Vorgang im einzelnen schildert, schreibt: »Am selbigen, spätestens an dem darauf folgenden Tage wurde das Urteil dem zu Schloß Wusterhausen in finsterer Ungeduld wartenden König eingehändigt. Er war nicht befriedigt und sandte folgende Bemerkung zurück. »Sie sollen Recht sprechen und nicht mit dem Flederwisch darüber gehen. Das Kriegsgericht soll wieder zusammenkommen und anders sprechen.«

»Aber«, schreibt Fontane, »alle diese Mahnungen

zu größerer Strenge waren vergeblich. Das Kriegsgericht blieb bei seinem Spruch, und Achaz von der Schulenburg in seiner Eigenschaft als Vorsitzender antwortete unterm 31. Oktober: Nachdem er nochmals reiflich erwogen und wohl überleget, finde er sich in seinem Gewissen überzeuget, daß es dabei bleiben müsse und solches zu ändern ohne Verletzung seines Gewissens nicht geschehen könne noch in seinem Vermögen stehe.«

Auch Alexander Dönhoff hat in der zweiten Instanz entgegen dem ausdrücklichen Willen des Königs das mildere Urteil noch einmal bestätigt, woraufhin dann Friedrich Wilhelm I. unter dem 1. November das Urteil des Kriegsgerichts umstieß und die Todesstrafe befahl. In einem langen Schreiben erklärte er, warum kein Präzedenzfall geschaffen werden dürfe, und dann heißt es: »S. K. M. seynd in Dero Jugend auch durch die Schule geloffen, und haben das lateinische Sprüchwort gelernt: Fiat Justitia et pereat mundus! Also wollen Sie hiermit, und zwar von Rechtswegen, daß der Katte, ob er schon nach denen Rechten verdient gehabt, wegen des begangenen Crimen Laesae Majestatis mit glühenden Zangen gerissen und aufgehenket zu werden, er dennoch nur, in Consideration seiner Familie, mit dem Schwert vom Leben zum Tode gebracht werden solle. Wenn das Kriegs-Recht dem Katten die Sentence publiciert, soll ihm gesagt werden, daß es Sr. K. M. leid thäte, es wäre aber besser, daß er stürbe, als daß die Justiz aus der Welt käme.

F. Wilhelm«

Diesem Alexander Dönhoff gehörte das Gut Beynuhnen in Ostpreußen. Er war der Großvater jener schönen Sophie Julie, die von 1790 bis 1793 morganatisch mit König Friedrich Wilhelm II. vermählt oder, wie man damals sagte, ihm zur linken Hand angetraut war. Die Familie war über diese »Bigamie« so außer sich, daß sie Beynuhnen verkaufte und außer Landes ging.

Über Bogislav-Friedrich, den vierten der Generalsbrüder, muß noch kurz »gewichtiges« berichtet werden. Er mußte nämlich den Dienst quittieren, weil er so dick geworden war, daß er nicht mehr aufs Pferd konnte. Er wog 308 Pfund. Bei meinen Sichtungsarbeiten im Friedrichsteiner Archiv fand ich einmal ein vergilbtes Stück Papier, auf dem bei irgendeiner Gelegenheit am Hof — sicherlich sehr zur Belustigung aller Beteiligten — ein Wettwiegen der dicksten Männer stattgefunden hatte. Bogislav-Friedrich Dönhoff schlug sie alle, aber Friedrich Wilhelm I. hielt nicht schlecht mit. Ich erinnere mich nicht mehr genau an das königliche Gewicht, aber ich glaube, es betrug ungefähr 240 Pfund.

Bogislav-Friedrich war Besitzer von Dönhoffstädt, das zuvor Großwolfsdorf geheißen und das sein Vater im Jahre 1681 für 42 284 Taler gekauft hatte. Es ging aus der Familie, als sein Urenkel, der in Göttingen studierte, 1816 als Zwanzigjähriger dort im Duell gegen einen Grafen Saldern fiel.

Die beiden Schwestern des Generals-Quartetts waren ebenfalls mit Generälen verheiratet — man sieht, der Stil in Preußen hat sich geändert — die eine

mit General Graf Barfuß, durch den späte
nen in die Dönhoffsche Familie kam, die a
dessen Erzfeind, dem General von Rhönu

Als Otto Magnus, der Chef der Familie
sein Sohn erst 9 Jahre alt. Der Staat Fri
helms I. ließ ihm nicht, wie seinen Vor
zum Studieren und zum Reisen. Er muß
16 Jahren ins Erste Regiment in Ostpre
ten und wurde dann in »Seiner Majestä
ment« nach Potsdam übernommen. E
Lothringen beim polnischen Erbfolgekr
nete sich aus, wurde Generaladjutant d
erwarb sich das Wohlwollen des »alte

Es gab im Friedrichsteiner Archiv
ordres an ihn, die alle vom König
waren. Da antwortet einmal der ge
auf die Bitte, ihm Vorspann zur Ur
Ostpreußen zu bewilligen:

»Mein lieber Kapitän Graf von D

Ich gebe Euch auf Euer Schreibe … t,
daß ich Euch zwar, wenn Ihr auf We … en
Vorspann accordieren wolle, aber r … zu
Eurem Pläsier oder in eigenen An … ei-
set.«

Im patriarchalischen Preußen … der
König um alles: Er mischt sich in … der
Söhne der Familien, die seinem … nen.
Er bestimmt, wer Offizier werde … wel-
chem Regiment und wer in der D … er ar-
beiten möge, und er arrangiert auch … n 31.
August 1739 schreibt er an Friedrich Dönhoff:

»Mein lieber Major Graf von Dönhoff!

Ich gebe Euch auf Euer Schreiben vom 30. dieses hierdurch Antwort, wie es Mich sehr wundert, daß Ihr Euch wegen der Ältesten Fräulein von Kamecke nicht eher bey mir gemeldet! Ihr könnet insofern versichert seyn, daß ich alles anwenden werde, um Euch solche zu verschaffen und habt Ihr Euch auf Mich zu verlassen, daß Ihr solche gewiß zur Frau bekommen werdet. Ich bin Eurer wohl affektionierter König

Friedrich Wilhelm.«

Und in der Tat beschafft er sie ihm, obgleich sie den zukünftigen Gatten zunächst doch offenbar verschmäht hatte. Der Vater Paul Anton Kamecke, Grand Maitre de la Garderobe, war einer der großen Grundbesitzer der Mark und besaß überdies das hübsche Stadtpalais in der Dorotheenstraße (ich weiß nicht, ob es den Fall von Berlin überlebt hat). Seinem Gemälde nach zu urteilen, war er ein schöner Mensch, eine elegante, etwas intrigante Erscheinung. In Friedrichstein hieß ein besonders prunkvolles Gemach bis zum letzten Tage nach ihm: die Kamecke-Stube. Da jene Dönhoff-Kamecke-Verbindung »eine besondere Partie« werden sollte, erhielt Dönhoff die Amtshauptmannschaft von Fehrbellin und Ruppin. Der König bestimmte alles persönlich, den Tag der Trauung, die Art des Gottesdienstes und in rechter Willkür auch einen Teil der Gäste.

Friedrich der Große, der 1740 zur Regierung kommt, überträgt zunächst die königliche Gunst auf den Besitzer von Friedrichstein. Im Ersten Schlesischen Krieg erhält dieser das Kommando über des Königs Hauptquartier. Auch verleiht ihm Friedrich einen der ersten des soeben neu gestifteten Ordens, Pour-le-Mérite. Friedrich Dönhoff machte auch den Zweiten Schlesischen Krieg mit, hatte sich aber in den Winterquartieren seine Gesundheit so zerrüttet, daß er nach Beendigung des Feldzugs um Urlaub einkam. Hiermit aber verscherzte er sich die Gnade des Königs, der ihm im Gegensatz zu den ersten Jahren (es gab im Friedrichsteiner Archiv 19 von Friedrich dem Großen unterschriebene Kabinettordres) seit der Krankheit nur noch ärgerlich und sehr kurz schreibt. So antwortete er auf die Bitte, ihm Urlaub zu gewähren, damit er seine Gicht durch Bäder in Aachen kuriere:

»Ihr könnet ja aber lengst begreifen, daß, da die Armee auf dem Point steht, zusammenzukommen, es nun keine Zeit sey, Bäder zu gebrauchen und thut Ihr allenfalls besser, den Abschied zu fordern. Ich bin übrigens Euer wohlaffektionierter

König Friedrich.«

Diesen Rat befolgt Friedrich Dönhoff, und das letzte Schreiben des Königs, das aus einem einzigen Satz besteht, gewährt ihm dann unter dem 25. April 1745 den Abschied. Dieser grantige Ton läßt kaum noch für möglich halten, daß der König einst als Kronprinz bei dem heiteren Tun und Treiben seiner Brüder August Wilhelm, Heinrich und Ferdinand in Rheinsberg mitgewirkt hat. Ein Vetter von Friedrich

Dönhoff, Ernst Ahasverus Lehndorff, Kammerherr der Königin, der den drei Prinzen freundschaftlich verbunden war, hat in seinen schon erwähnten Tagebüchern höchst amüsante Schilderungen dieser Rheinsberger Schäferspiele in den fünfziger Jahren gegeben:

»25. Juni 1750. Prinz Heinrich, immer bemüht, seine Brüder zu unterhalten, läßt ein Festmahl im Buberow, der die Fraueninsel vorstellt, zurichten. Wir sind als Frauen verkleidet. Die Lakaien bilden die Wache, Fräulein von Dankelmann ist ihr Kommandeur, Fräulein von Morien, Lamberg und die Pagen sind die Offiziere. Die Prinzen werden in einem Boot geholt, und wie sie ankommen, marschiert die Wache ihnen entgegen, nimmt sie gefangen und führt sie zur Königin der Insel, die Fräulein von Forcade war. Diese saß auf einem Thron, eine Krone auf dem Haupt; Prinz Heinrich und ich waren ihre Hofdamen, die Frau Prinzessin, hinter dem Thron stehend, ihre Hofmeisterin und Gräfin Dönhoff der Kanzler, der den Gefangenen das Urteil verkündet. Dann speiste man an verschiedenen kleinen Tafeln, und jeder war sehr befriedigt. Um fünf Uhr kehrten wir nach Rheinsberg zurück. Gegen sieben Uhr trafen im Zimmer der Prinzessin mehr als vierzig ebenfalls spaßhaft gekleidete Personen ein. Brand, der Stallmeister des Prinzen von Preußen, hielt an die Gesellschaft eine Ansprache, in der er erklärte, er sei der Gesandte der Oranienburger und Ruppiner Republik, die als Zins für die von der Remusberger Republik genossenen Wohltaten dieser zum Beweise ihrer Erkenntlichkeit kleine Geschenke darbrächten.«

»26. Juni 1750. Abends gab der Prinz sein letztes Fest, das wunderhübsch war. Reisewitz holte im Neptunskostüm um 9 Uhr in einem mit Muscheln und Binsen ausgeschmückten und ganz erleuchteten Boot, umschwärmt von Knaben, die als Tritonen verkleidet waren, den Prinzen von Preußen und Ferdinand ab. In diesem Aufzuge kamen die Prinzen von der anderen Seite des Gartens herüber. Prinz Heinrich, umgeben von uns anderen und mehr als vierzig Personen, die alle als Faune und Waldgötter verkleidet waren und brennende Fackeln trugen, empfing sie am Ufer. Eine liebliche Symphonie ließ sich hören bis zu dem Augenblick, da die Prinzen aus dem Boot stiegen. Hierauf sangen alle Umstehenden ein Chorlied. Nun begab sich der ganze Trupp, immer von Musik und Gesängen begleitet, durch die erleuchteten und mit Blumengehängen geschmückten Alleen nach dem Schloß. Als wir in die schöne Galerie eintraten, fanden wir sie mit Laubpyramiden und Girlanden aufs reizendste geschmückt und als wir vor dem kleinen Rondell an der Halle anlangten, fanden wir die Gräfin Dönhoff als Königin der Nacht gekleidet vor; sie zog einen Vorhang auf und ließ uns wundervolle Dinge sehen: Die Frau Prinzessin und ihre Damen stellten die Nymphen der Diana dar; Forcadechen war die Göttin; zwölf feingekleidete junge Mädchen waren in der Nische aufgestellt. Dieser ganze Raum war mit Laub, Blumen und Spiegeln geschmückt. Die Damen sangen, während wir anderen die Prinzen auskleideten, die von der Göttin allerlei Nippes zum Geschenk erhielten. Hierauf setzte man sich an den Tisch, der im Stil des Saales gehalten war. Nach dem Souper kehrten wir mit demselben Pomp ans Wasser zurück, wo wir einen Imbiß in einer kunstvoll aufgebauten Laubhütte aufgetragen fanden. Sodann setzte man sich ins Boot und fuhr heim.«

Während dieser phantasiebeschwingten Spiele ist der rheumatische, nun wieder recht fröhliche Dönhoff in Friedrichstein mit der Verwaltung seiner Güter beschäftigt. Er ist jetzt 38 Jahre alt und kümmert sich mit großem Nachdruck um seinen Besitz. Aus den Bilanzen ergibt sich, daß die Güter in den Jahren seiner Tätigkeit sehr verbessert und entwikkelt worden sind.

Friedrich Dönhoffs ältester Sohn, August Christian Ludwig, der 1742 geboren wurde, übernimmt, als der Vater stirbt, mit 27 Jahren Friedrichstein. Auch er war schon mit 16 Jahren Soldat, blieb aber nicht bei der Armee, sondern wurde Diplomat. Seine erste diplomatische Mission: Er gehört der Deputation an, die anläßlich der Thronbesteigung Peters III. nach Petersburg geschickt wird. Mit 29 Jahren ist er Gesandter in Stockholm am Hofe Gustavs III., dessen Mutter Luise Ulrike eine Schwester Friedrichs des Großen war. Aber schon nach drei Jahren wird er abberufen und kaltgestellt. Offenbar hat er sich die Finger verbrannt in einem schwedischen Staatsstreich, bei dem der König den Reichsrat hatte verhaften lassen. Er, der, bevor er nach Stockholm ging, an der besonders renommierten Domänenkammer in Breslau gearbeitet hatte, macht sich nun mit großem Eifer an die Administration der Friedrichsteiner Güter, die er bis zu seinem Tode 1803 verwaltete. Als Friedrich Wilhelm II. nach dem Tode Friedrichs des Großen 1786 die Huldigung in Königsberg entgegennahm, wurde Christian Ludwig zum Rang eines amtierenden Staatsministers und zum preußischen Obermarschall ernannt. (Die vier preußischen Ehren-Chargen waren von unten nach oben: Kanzler, Obermarschall, Oberburggraf, Landhofmeister).

In der fünfzehnten Generation residiert sein Sohn August Friedrich Philipp Dönhoff (geb. 1763) in Friedrichstein. Das heißt, zunächst residiert er gar nicht, sondern muß mit sechzehn Jahren zum Dragonerregiment Alt Platen nach Insterburg in Ostpreußen. 1792 kämpft er mit den koalierten Armeen gegen die französische Revolution. Gleich nach der berühmten Kanonade von Valmy, die, wie Goethe meinte, den Anbruch eines neuen Zeitalters kennzeichnet, wird er Flügeladjutant Friedrich Wilhelms II. Er geht mit dem König zurück nach Berlin, wo er Pauline Lehndorff aus Steinort heiratet, die Tochter des Kammerherrn Ernst Ahasverus, dessen Tagebuchaufzeichnungen schon mehrfach erwähnt wurden.

August Friedrich Philipp war ein vorbildlich pflichtbewußter, bis zur völligen Humorlosigkeit ernster Mann, der jeder Emotion abhold war und allen Veränderungen feindlich gegenüberstand: der Inbegriff dessen, was viele Leute einen »Reaktionär« nennen. Sein Bild zeigte ihn in einem schmucklosen blauen Uniformrock: ein asketischer Kopf, schmale Lippen, fein geschnittene Nase. Das Leben hatte ihm hart zugesetzt, und die Epoche der preußischen Geschichte, die er miterlebte, war gewiß nicht dazu angetan, ihm die Freuden der Welt zu erschließen.

Friedrich Wilhelm III., der die Umgebung seines Vaters nicht schätzte und der nach dessen Tod 1797 erst einmal am Hof aufräumte, hatte den ganz unbestechlichen, stets unabhängigen Flügeladjutanten in seiner Stellung bestätigt. Er schickte ihn 1805 ins russische Hauptquartier nach Brünn, von wo aus er die »Drei-Kaiser-Schlacht« bei Austerlitz mitmachte, in der die beiden anderen Kaiser (Alexander I. und Franz II.) von Napoleon überlegen geschlagen wurden.

1806 kämpft August Friedrich Philipp bei Jena und Auerstädt und erlebt den Zusammenbruch des alten Preußen, das für ihn die gottgewollte Ordnung der Welt darstellte und dessen Verlöschen er nie ganz verwunden hat. Die Nachricht von der Niederlage bei Jena und Auerstädt am 14. Oktober erreichte Ostpreußen übrigens erst vier Wochen später. Erst am 13. November war sie in der »Königlich preußischen Staats-, Kriegs- und Friedenszeitung« des Hartungschen Verlages zu lesen. Am Tage nach Jena wird August Friedrich Philipp Dönhoff vom König zu Napoleon geschickt, um den Waffenstillstand zu beantragen.

Ein halbes Jahr später, am 14. Juni 1807, schlug

Napoleon die Russen bei Friedland in Ostpreußen und besetzte Königsberg. Die Russen, die am 26. April des gleichen Jahres sich mit den Preußen »zu unverbrüchlichem Zusammengehen« verbunden hatten, lösten daraufhin die Bindungen zu Friedrich Wilhelm III. und schlossen ein Bündnis mit Napoleon. Preußen war damit als Machtfaktor erledigt, sein Ausscheiden aus der Weltpolitik wurde drei Wochen später im Frieden von Tilsit besiegelt. Die Gebiete, die Preußen sich in den drei polnischen Teilungen (1772, 1793 und 1795) einverleibt hatte, mußten zurückgegeben werden: Das Kulmerland mit Thorn, das die Polen im Thorner Frieden von 1466 dem deutschen Orden — der es 1230 gegründet hatte — abgenommen hatten; ferner der Netzedistrikt, der nie zum Ordensstaat gehört hatte, und Danzig, das zum Freistaat gemacht wurde. Ganz Ostpreußen wurde von den Franzosen besetzt, und das in den Feldzügen schwer verwüstete Land mußte hohe Kontributionen aufbringen.

August Friedrich Philipp Dönhoff wird zu Napoleon nach Tilsit geschickt, um Erleichterungen zu erwirken, und verhandelt anschließend monatelang ergebnislos mit Marschall Soult in Elbing. Dann reist er 1808 nach Petersburg und kehrt, höchst desillusioniert über die doppelzüngige Politik Alexanders I., zurück. Im Jahr darauf nimmt er seinen Abschied und widmet sich nun ganz den Friedrichsteiner Gütern, die durch die monatelange Einquartierung französischer Truppen und ein großes Viehsterben total ruiniert wurden und hoch verschuldet sind.

August Friedrich Philipp Dönhoff hat von 1805 bis zu seinem Tode 1838 regelmäßig Tagebuch (in französischer Sprache) geführt, wovon nur die Niederschrift von 1813 veröffentlicht worden ist. Auch trug er seit 1809 genau so regelmäßig, nämlich an jedem Tage, seine Ausgaben ein. Man kann sich die Bescheidenheit, mit der damals der Eigentümer eines großen Besitzes lebte, kaum vorstellen. In seinen schmalen, langen Ausgabebüchern stand in der Rubrik »Kleidung« über viele Jahre als einzige Aufwendung immer nur verzeichnet: Schuhe besohlen, Kragen wenden oder ausbessern und neues Futter für eine Jacke. Ähnlich spartanisch geht es in der Spalte »Vergnügungen« zu: ganz selten geht er einmal in Königsberg ins Theater, meist beschränken sich die Eintragungen auf ein Glas Bier, zu dem er irgend jemand eingeladen hat, nur selten versteigt er sich zu Wein. Als ihm angeboten wird, Generallandschaftsdirektor zu werden, lehnt er ab — er könne es sich nicht leisten, die Uniform, die dafür obligat sei, anzuschaffen.

Im Jahr 1820 betragen seine jährlichen »persönlichen Ausgaben« (die folgendermaßen unterteilt sind: Kleider, Bücher, Reisen, Geschenke, Trinkgelder, Wein, Porto) insgesamt 373 Taler. Nur für die Erziehung der Kinder, die ebenfalls zu äußerster Sparsamkeit angehalten werden, werden verhältnismäßig hohe Aufwendungen gemacht. In der Rubrik »Erziehung und Unterhalt der Kinder« stehen 5408 Taler eingetragen. Freilich sind es sieben Kinder, für die er allein zu sorgen hat, nachdem seine von ihm innig geliebte Frau 1813 während der großen Typhusepidemie gestorben war. Damals war der Jüngste ein Jahr, der Älteste sechzehn Jahre alt.

Hatte schon der auf ostpreußischem Boden ausgetragene Krieg 1806/07 dem Lande schwer zugesetzt, so brachten die folgenden Jahre neue Unbilden. (Nach 1813 sind über 700 Rittergüter in Ostpreußen zwangsversteigert worden.) 1812 erklärte Napoleon Rußland den Krieg und zwang Preußen, sich anzuschließen. Die ganze Armee lebte monatelang aus dem Lande. Auch die Friedrichsteiner Güter wurden wieder ausgepreßt wie eine Zitrone, und ihr Besitzer mußte sich auf Jahre hinaus mit »Schuhe besohlen und Kragen wenden« begnügen. Aber August Friedrich Philipp klagte nie über materielle Unbilden, desto verzweifelter war er über den »Schaden an Gesetz und Recht«, den er in allen Neuerungen nach 1813 zu entdecken meinte. Nur mit ausdrücklichem Protestvermerk unterschrieb er die Ablösungsverträge nach der Bauernbefreiung.

Dem Jahr 1813 hatte man in Ostpreußen mit äußerster Besorgnis entgegengesehen. Schon im Dezember des vorangegangenen Jahres schreibt seine Schwiegermutter aus Königsberg über die zurückflutende Armee: »Die Stadt wimmelt von unglücklichen Opfern. Die Straßen sind voll von Generalen und Obersten in allerlei Vermummungen, selbst in Hüten von Bauernweibern und halbtot vor Hunger und Frost.« Und ein paar Tage später — die Angst vor den nachfolgenden Kosaken wächst ständig — schreibt sie: »Alle unsere Wünsche gehen dahin, nur nicht verteidigt zu werden, wenn die Russen kommen sollten.« Zum größten Jubel der Bevölkerung ist die französische Besatzung in den ersten Januartagen aus Königsberg abgezogen, und die Russen, die ruhig und geordnet einziehen, werden als Befreier begrüßt. Niemand weiß allerdings so recht, wie es weitergehen soll. Was wird geschehen, wenn Friedrich Wilhelm III. die Yorcksche Konvention nicht bestätigen sollte? Auch Friedrichstein wird überschwemmt von Kosaken. Oberst von Tettenborn und General Kutusow, ein Neffe des Oberkommandierenden der russischen Armee, befinden sich dort und werden herzlich begrüßt.

Am 9. Januar geht August Friedrich Philipp, der ehemalige Flügeladjutant, in sein Königsberger Haus, um den Ereignissen näher zu sein. Ironisch vermerkt er den Jubel, mit dem »la bourgeoisie lui (Yorck) a porté un vivat«. Er steht zwar durchaus auf Yorcks Seite und hofft fest darauf, daß der König die Konvention bestätigen werde, aber alles Emphatische ist ihm ebenso verhaßt wie seinem Zeitgenossen, dem konservativen französischen Diplomaten und späteren Außenminister Chauteaubriand, der einmal sagte: »L'enthousiasme c'est déjà le désordre.« Darum ist der Besitzer von Friedrichstein auch äußerst kritisch gegenüber seinem Schwager Lehndorff, der zum großen Teil auf eigene Kosten in wenigen Monaten ein National-Kavallerieregiment aufgestellt hat, und auch gegenüber dem Schlobitter Dohna, auf dessen Initiative die Gründung der freiwilligen Landwehr zurückgeht. (Im Februar 1813 hatten die ostpreußischen Stände deren Aufstellung beschlossen, im August standen bereits 130 000 Mann zur Verfügung.) Die Befreiungsbewegung ist dem Friedrichsteiner fremd. Er fürchtet, die Monarchie werde durch ein solches »Abenteuer« vollends zugrunde gerichtet werden. Er hat nicht begriffen, daß mit dieser nationalen Bewegung zum erstenmal auch die Idee der deutschen Einheit angerührt wird, für die sein ältester Sohn später jahrelang als erster preußischer Gesandter am Bundestag in Frankfurt kämpfen sollte.

Der Briefwechsel zwischen ihm und diesem Sohn zeigt deutlich die totale Veränderung aller Konzeptionen und Wertbegriffe, die eintrat, als das alte Preußen dem Ansturm des modernen levée en masse auf den Schlachtfeldern von Jena und Auerstädt erlag, und die Reformen den Grundstein zu der neuen Ära einer bürgerlich liberalen Wirtschaftsepoche legten. Von der damals stattfindenden Umschichtung und Reform wurde in erster Linie der Adel betroffen — sowohl materiell: in bezug auf den Landbesitz und die Regulierung der gutsherrlich-bäuerlichen Verhältnisse, als auch ideell: in bezug auf den Verlust seiner besonderen Stellung im Staate.

Im friderizianischen Preußen hatte der Adel, im Krieg in der Armee und im Frieden in der Verwaltung, besondere Funktionen, mit denen sich wohl ein besonderes soziales Prestige verband, aber kein materieller Vorteil. Friedrich der Große war stets der Meinung gewesen, der Adel müsse, eben wegen seiner besonderen Funktionen, auch spezielle Le-

Schloß Dönhoffstädt, Kreis Rastenburg. Es ist der einzige große Herrensitz der heute noch steht.

Erste Farbseite: Der Storchenturm in Guttstadt.

Vorherige Doppelseite: Blick auf den Dorfteich in Dönhoffstädt.

Links: Gedenktafel beim Schloß Dönhoffstädt.

Schloß Steinort, bis 1945 im Besitz der Familie Lehndorff. Eine deutsch-polnische Stiftung will Steinort wieder herrichten.

Nächste Doppelseite: Charakteristisch für Ostpreußen sind die Alleen mit mächtigen Eichen – hier bei Trakehnen.

Schloß Quittainen im früheren Kreis Preußisch Holland. Gut und Schloß (1847 errichtet) waren bis 1945 im Besitz der Familie Dönhoff.

bensbedingungen haben, die es ihm erlaubten, außerhalb der Sphäre bürgerlich-ökonomischer Vorstellungen und Ziele zu existieren. Darum hatte der König 1748 angeordnet, daß das königliche Domänenland nicht auf Kosten der adligen Grundbesitzer erweitert werden dürfe. Seine Begründung: »Denn ihre Söhne sind es, die das Land defendieren, davon die Rasse so gut ist, daß sie auf alle Weise meritieret, konserviert zu werden.«

Aus denselben Erwägungen verbot er den Erwerb von Rittergütern durch Bürgerliche. Das bürgerliche Kapital mochte sich nach seiner Ansicht in Industrie und Handel betätigen, der Grundbesitz aber sollte dem Adel erhalten bleiben und keinesfalls zum Spielball spekulativer Interessen werden. Denn der Grundbesitz war ja die Existenzgrundlage einer Schicht, die aus dem allgemeinen Entwicklungsprozeß herausgehalten werden sollte: ein statisch festes Fundament in einer sich allmählich dynamisch entwickelnden Umwelt. Der Ehrbegriff des Offiziers und die unbestechliche Moral des preußischen Beamten, das waren die Säulen, auf denen damals der Staat ruhte und nach jener Vorstellung auch ruhen sollte. Es war eine ständische Auffassung vom Staat und der Gesellschaft, die diesem Ordnungsprinzip zugrunde lag.

Den alten Dönhoff kommt die Revolutionierung seiner Welt hart an. Immer wieder grämt er sich darob, daß »die gesetzmäßige Ordnung der Dinge« gestört wird, wobei ihm offenbar die Ordnung der friderizianischen Zeit als die von Gott verordnete

Ordnung schlechthin erscheint. Darum glaubt er auch, die Revolutionen von 1830 seien nichts anderes als die natürliche Folge ketzerischer, neumodischer liberaler Ideen. Ja er meint, sie seien überhaupt nur möglich geworden, weil man die festen Grundlagen des patriarchalischen Preußen preisgegeben habe. Ganz deutlich wird an der Korrespondenz zwischen ihm und seinem ältesten Sohn der Wandel in der geistigen Einstellung zu den politischen Problemen. Es ist eben eine Zeitenwende, die sich auch in der einzelnen Familie abzeichnet.

Sein Sohn August Heinrich Hermann schreibt ihm am 4. V. 1831: »Wenn einmal die Ideen fast der ganzen Nation gewechselt haben, dann müssen notwendig auch die Formen der Regierung wechseln, die über diesem Volke steht. Wie einst die Zeiten Luthers eine allgemeine Veränderung der religiösen Ideen erzwangen, so werden in unseren Tagen die immensen Veränderungen der politischen Ideen uns früher oder später zu einer Veränderung des Staates führen, und zwar sowohl der Regierungsform wie auch der Legislative und Administrative.« Er meint, weder Karl X. noch die Regierungen von Spanien, Portugal, Italien und Rußland hätten dies begriffen – nur England: »Noch vor sechs Wochen handelte Wellington dem allen entgegen, und auch England näherte sich rapide einer blutigen Revolution, seit aber Grey (der Liberale) sich an der Spitze der Geschäfte befindet, hat sich alles gewandelt. Ich schätze mich glücklich, diese denkwürdige Epoche englischer Geschichte mitzuerleben.«

August Heinrich Dönhoff war damals der zweite Mann an der Gesandtschaft in London, die von Heinrich von Bülow geführt wurde. »Ich bin tief beeindruckt vom englischen Konstitutionalismus«, schreibt er. »Allen denen, die glauben, es ließe sich kein wahres Königtum und keine innerliche Aristokratie mit ihm verbinden, möchte ich das englische Beispiel vor Augen halten.« Nur die Erztories, vor allem Ernst August von Cumberland, mißfallen ihm: »Kirche und Konstitution sagt man, meint aber Klerus und Aristokratie.«

Dem Vater, der damals als preußischer Obermarschall dem Provinzial-Landtag präsidiert, rät der Sohn, doch die preußischen Landtagsberichte veröffentlichen zu lassen: »Die Publizität hat ihre Nachteile«, meint er, »aber sie sind viel geringer als ihre Vorteile«, und er setzt hinzu, sie sei »das einzige Mittel zur politischen Erziehung der Nation.«

August Heinrich Dönhoff ist ein eifriger Briefschreiber gewesen. Mit seiner Schwester Amélie hat er über etwa dreißig Jahre eine regelmäßige, vorwiegend politische Korrespondenz geführt, die sich in etwa viertausend Briefen niedergeschlagen hat. An sie schrieb er deutsch, an den Vater stets in französisch. Er war der einzige der Generationenfolge, der sich für die Geschichte seiner Familie interessiert hat und umfangreiche Nachforschungen in Polen, Livland und im westfälischen Herkunftsland der Dönhoffs hatte anstellen lassen. Alle diese in Koffern, Kisten und alten Schränken verstauten Verträge, Urkunden, Notizen, unveröffentlichten Briefe und Tagebücher habe ich seinerzeit geordnet. Sie sind aber leider mit wenigen Ausnahmen alle verbrannt, als die Russen im Januar 1945 das Schloß in Brand steckten.

Wenn es dennoch möglich ist, heute wenigstens in Umrissen die Geschichte der Familie darzustellen, so ist das vorwiegend dem Umstand zu verdanken, daß Otto Weber-Krohse (gefallen 1943 in Rußland) kurz vor Ausbruch des Krieges seine Habilitationsarbeit über August Heinrich Hermann Dönhoff verfaßt hat. Sie ist nicht mehr gedruckt worden, ist aber im Manuskript erhalten geblieben und gibt nun die Möglichkeit, über diese sechzehnte Generation ausführlicher zu berichten.

August Heinrich war 1797 geboren, hatte als Siebzehnjähriger noch das Ende der Befreiungskriege mitgemacht und dann in Königsberg studiert. Ostpreußen war zu jener Zeit den neuen Ideen weit aufgeschlossen. Die gebildete Jugend hatte in den Hörsälen der Albertina zu Füßen von Immanuel Kant (1724—1804) und von Christian Jacob Kraus (1753 bis 1807) gesessen. Kants idealistische Philosophie hatte dem absolutistischen System den Boden entzogen, und sein Freund und Kollege Professor Kraus, ein Schüler von Adam Smith, hatte mit der Lehre des wirtschaftlichen Liberalismus und der rechtlichen Gleichstellung aller Menschen dem ständischen Aufbau den Todesstoß versetzt, längst ehe dieser praktisch beseitigt wurde. Daher war denn auch Ostpreußen das Land, in dem die neuen freiheitlichen Ideen sehr früh praktiziert wurden, praktiziert wurden von Männern, die durch Kant und Kraus beeinflußt waren: Theodor von Schön, Freiherr vom Stein, Hans Jacob von Auerswald und Minister Leopold von Schrötter, auf dessen Besitz Wohnsdorf Kant öfter zu Gast war. Theodor von Schön, ein Schüler Kants, der 1816 Oberpräsident von Ostpreußen wurde, war der Kristallisationspunkt für alle Liberalen. Er hatte einen ganzen Kreis von jungen ostpreußischen Adligen um sich, darunter auch August Hermann Dönhoff, der ein Leben lang mit ihm Verbindung gehalten hat. Erst nach 1848 schlug die Stimmung aus Angst vor dem Radikalismus um.

Ostpreußen — also das frühere Herzogtum und das Ermland — empfand sich damals sehr viel mehr als Land denn als Provinz. Es war eben immer, seit den Zeiten des Ordens, eine Einheit gewesen, geistig sowohl wie administrativ. Noch lange Zeit nach der Krönung Friedrichs I. in Königsberg blieb die Bezeichnung »Königreich Preußen« auf Ostpreußen und Westpreußen beschränkt, während der Gesamtstaat sich mit dem Sammelnamen »Seiner Majestät Staaten« begnügen mußte.

August Heinrich Dönhoff hatte in Königsberg und Göttingen studiert und sich schließlich in Heidelberg auf Rechtsphilosophie spezialisiert. Aber noch weiß er nicht, für welchen Beruf er sich entscheiden soll. Eigentlich ist dies die erste Generation seiner Familie, an die diese Frage überhaupt herantritt. Seinen Vorfahren hatte gewöhnlich die Tradition oder auch der König diese Entscheidung abgenommen. Als August Heinrich 23 Jahre alt ist und sein Studium abgeschlossen hat, ermöglicht der sparsame

Vater ihm eine Reise nach Italien, »worum ich selbst niemals zu bitten gewagt« ... In Rom zieht ihn der preußische Gesandte Barthold Niebuhr, der gerade an seiner römischen Geschichte schreibt, in seine Nähe. Er bringt ihn mit den Nazarenern zusammen, einem Kreis junger deutscher Künstler, die sich nach dem Vorbild religiöser Orden zu der »Lukasbruderschaft« zusammengeschlossen haben, um in strenger Selbstzucht eine Art sittliche Erneuerung herbeizuführen. Niebuhr, der Diplomat und große Geschichtsforscher, der im dänischen Staatsdienst war, ehe Stein ihn nach Preußen holte, rät dem jungen Dönhoff schließlich, die diplomatische Karriere zu ergreifen. Ein Jahr später, 1821, gibt der preußische Außenminister Graf Bernstorff die Zustimmung dazu, daß August Heinrich auf eigene Rechnung im Archiv des Auswärtigen Amtes volontieren darf.

Berlin hat zu dieser Zeit 220 000 Einwohner, und das Auswärtige Amt ist in einem kleinen Palais am Wilhelmplatz untergebracht, wo sich außer der Wohnung des Ministers ein Zimmer für den Staatssekretär Ancillon befindet, ferner sieben Zimmer für die sieben Geheimräte zur Verfügung stehen. Im übrigen gibt es nur noch einen großen Raum, in dem einige Referenten Instruktionen erteilen, Besucher empfangen und den Kanzlisten in die Feder diktieren. Im äußeren Aufwand war das alte Preußen von äußerster Bescheidenheit, aber die Qualität seiner Missionschefs ist später unter weit großartigeren Bedingungen nie wieder erreicht worden. Damals standen seinem Auswärtigen Amt Gelehrte großen

Formats zur Verfügung: Wilhelm von Humboldt, Bunsen, Niebuhr.

August Heinrich arbeitet im Archiv, das im Schloß untergebracht ist, hört nebenbei Savigny, besucht, so oft er kann, den Bildhauer Christian Rauch in seinem Atelier und findet über Savignys Frau – sie ist die Schwester Clemens von Brentanos – Zugang zu dem Kreis der Romantiker. Die Berliner Gesellschaft langweilt ihn. »Ich kann mir mit keinem Mädchen ein vertrautes Wort erzählen, ohne daß man mir gleich den verdammten Trauring andichtet.«

Im Herbst des gleichen Jahres wird er zum Legationssekretär in Paris ernannt. Begeistert schildert er die weite, lichtvolle, geschichtserfüllte Stadt. Im Hause seines Chefs, des Freiherrn von Malzahn, trifft er zeitweise fast täglich Alexander von Humboldt, der seit vielen Jahren in Paris lebt und an seinem großen Reisewerk arbeitet. Er findet ihn ein wenig pompös und seinen Bruder Wilhelm eigentlich »viel liebenswerter«, dessen Konversation ist »ebenso instruktiv wie geistvoll und amüsant. Er spricht ohne Reserve mit dem größten Freimut.«

Im Herbst 1825 kommt Friedrich Wilhelm III. mit Sohn, Neffen und Ernst August von Cumberland zu einem inoffiziellen Besuch nach Paris. Er hatte vor Jahren das Palais Beauharnais aus der Privatschatulle erworben und dann die Gesandtschaft dort untergebracht. Jetzt wohnt er in diesem Gebäude und ist also dort auch im Sinne bürgerlicher Konvention der Hausherr. Täglich führt Humboldt die ganze Gesellschaft in die Museen, August Heinrich Dönhoff begleitet sie am Abend ins Theater – eine der großen Leidenschaften Friedrich Wilhelms III. Schließlich reiten sie alle miteinander, samt dem darüber gar nicht beglückten Humboldt, von dem der König sich nicht trennen mag, nach St. Cloud zur Truppenrevue.

Im letzten Brief, den August Heinrich aus Südfrankreich an seinen Vater schreibt, bevor er einen diplomatischen Posten in Madrid antritt, steht ein Satz, der bis in unsere Tage seine Gültigkeit behalten hat, mindestens für die vierte, manche meinen auch für die fünfte Republik: »Comme ce pays est riche et heureux malgré son gouvernement.«

In Madrid wird seine Abneigung gegen die absolute Regierungsform und die klerikale Intransigenz noch verstärkt. Er findet den spanischen Adel abscheulich und schreibt an seine Schwester: »Fast alle Granden leben hier in Madrid, aber man sieht nur den kleinsten Teil in der Gesellschaft; die meisten sind ganz ungenießbar, der französischen Sprache unkundig, überaus ungesellig, ohne Erziehung, ohne Bildung, ohne politischen Einfluß und dazu größtenteils trotz der ungeheuren Territorialbesitzungen in sehr delaborierten Umständen, überhaupt ein physisch und moralisch degeneriertes Geschlecht.«

Auf seinem nächsten Posten in London lebt er dagegen in jeder Beziehung auf. Geistig bietet ihm der enge Verkehr mit seinem Gesandten Heinrich von Bülow, der mit Gabriele, der Tochter von Wilhelm von Humboldt, verheiratet ist, außerordentlich viele Anregungen – es ist ein von vielseitigen Interessen erfülltes Haus. Und politisch erschließt sich ihm in

England die Welt der konstitutionellen Verfassung, die ihn tief beeindruckt, denn hier trifft er die Probleme, die in Preußen jetzt den »Fortschrittlichen« auf den Nägeln brennen.

In dem Brief, mit dem er das Jahr 1831, in welchem die Revolutionen des Vorjahres noch weiter wirken, beschließt, steht wieder ein Satz, der auch heute geschrieben sein könnte. Nachdem er befriedigte Betrachtungen übei die englische Parlamentsreform angestellt hat (die Zahl der Wähler ist von 400 000 auf 800 000 erhöht worden), meint er, er habe nun doch die Hoffnung, der allgemeine Friede könne wider Erwarten gerettet werden, »wenn man sich nur überall zur Herabsetzung der Rüstungen entschlösse«.

Man denke: Da glaubt und hofft jemand im Jahre 1831, der Friede könne durch Abrüstung gewonnen werden! Da glauben und hoffen wir im Jahre 1962, man könne zu Abrüstungsvereinbarungen gelangen und damit den Krieg verhindern! Aber während dieser hoffnungserfüllten 130 Jahre wurden zwei Weltkriege und eine ganze Reihe anderer Kriege geführt, wurde die Rüstung vom Vorderlader bis zur Wasserstoffbombe weitergetrieben. Offenbar ist nur die Hoffnung noch größer als alle Rüstungen ...

1833 wird August Heinrich als preußischer Gesandter nach München geschickt. Er soll dort, dies wird ihm als wichtigste Aufgabe mit auf den Weg gegeben, Unterstützung für den deutschen Zollverein erwirken. Er ist sehr engagiert und setzt sich aus voller Überzeugung für dieses Ziel ein. Er gibt zu, daß Theodor von Schöns Bedenken, die Zollvereinspolitik könne »auf dem Rücken« der preußischen Agrarwirtschaft ausgetragen werden, leider begründet seien, findet aber, diese Bedenken müßten zurücktreten angesichts des großen deutschen Zieles. Alles, was diesem Ziele im Wege steht, bekämpft er mit pedantischem Ordnungssinn, wobei er gegen den ostpreußischen Pietismus ebenso zu Felde zieht wie gegen den bayrischen Klerikalismus unter Ludwig I., der gerade verfügt hat, daß alle Wagen anhalten und auch die Evangelischen niederknien müssen, wenn das Sanctissimum vorübergetragen wird.

Der Besitzer von Friedrichstein, der nur sehr selten nach Ostpreußen kommt und sein Leben lang an der Rückzahlung der Schulden arbeitet, die seit den Befreiungskriegen auf seinen Gütern lasten — der aber schließlich auch die Befriedigung hat, alles zurückgezahlt zu haben —, wird 1842 auf den ersten Posten der preußischen Diplomatie berufen. Er geht als Gesandter nach Frankfurt am Main an den deutschen Bundestag, das ständige Organ des deutschen Bundes. Der deutsche Bund, 1815 durch den Wiener Kongreß geschaffen, war das lose Band, mit dem 34 auf ihre Souveränität ängstlich erpichte Fürsten und 4 nicht minder egozentrische freie Reichsstädte verbunden waren. Dies war eine Aufgabe, die jeden, der sie ernstnahm, zur Verzweiflung treiben mußte.

Friedrich Wilhelm IV., der immer sehr darauf bedacht war, Österreich auf keinen Fall zu reizen, läßt vorher bei Metternich anfragen, ob Dönhoff ihm genehm sei. In der Instruktion des Außenministers von Bülow für den Gesandten heißt es: »Es ist der ernste und entschiedene Wille seiner Majestät des Königs, mit dem kaiserlich österreichischen Kabinett ein vertrautes, inniges Einvernehmen in bezug auf die Verhandlung der Bundesangelegenheiten zu unterhalten.« Die Faustregel für den preußischen Gesandten heißt daher: nie das österreichische Primat anzutasten! Der König ist ganz dieser Meinung. Er schreibt an Bülow: »Ihre Instruktion für Graf Dönhoff, mein lieber Bülow, ist bis auf die Passage über meine Weisheit ein wahres Meisterstück; zu jeder Zeile habe ich mit dem Kopf genickt und habe mir zum zweitenmal und sehr selbstgefällig zu meiner Wahl für das Auswärtige Amt Glück gewünscht. Die Bundesverhältnisse sind der Angelpunkt unseres politischen diplomatischen Lebens. Möge Dönhoff sie ebenso auffassen wie Sie.«

Um, wie man heute sagen würde, die Integration zu fördern, schlägt Dönhoff 1845 vor, am Bundestag ein Zentralorgan für alle deutschen Zollangelegenheiten zu schaffen, das in regelmäßigen Zusammenkünften alle einschlägigen Fragen entscheiden soll; eine Vorwegnahme des späteren Zollparlaments. Aber der neue preußische Außenminister Canitz hat Angst vor Österreich und lehnt ab. Er glaubt offenbar, Fehler ließen sich vermeiden, wenn man nichts tue. Alexander von Humboldt schreibt hierüber am 21. Februar 1846 an August Heinrich: »Das, was hier nicht vorgeht, teuerster Graf, wissen Sie durch Ihren Bruder. Die Minister begnügen sich, das tägliche Pensum der Anträge abzuleiern, erlauben sich keine allgemeine Betrachtung, sind überzeugt, daß gar nichts Wichtiges vorgehe, ohne zu ahnen, daß die industrielle und also soziale Revolution, die Sir Robert wahrscheinlich durchsetzt, die ganze Philosophie der Differentialzölle vernichtet . . .«

Noch eine andere Idee predigt der preußische Gesandte am Bundestag immer wieder. Es sei, so meint er, für die strategische Stellung Deutschlands entscheidend wichtig, das Eisenbahnnetz auszubauen. Seit 1845 die Konzession für eine Eisenbahn von Paris nach Straßburg vergeben wurde, läßt ihm dies keine Ruhe. Und schließlich noch ein anderer Lieblingsgedanke: die Schaffung eines toleranten Pressegesetzes. Aber der Vertreter Österreichs findet immer wieder einen Vorwand, die Bearbeitung all dieser Anträge zu vertagen.

Nach jahrelangem Kampf berichtet der preußische Gesandte schließlich, man müsse versuchen, die Entscheidung in der deutschen Frage ohne, vielleicht sogar gegen Österreich durchzupauken: »Je klarer und entschiedener Preußen mit solchem Beispiel initiativ in der Leitung der deutschen Angelegenheit vorangeht, je schwerer wird es dem kurzsichtigen und egoistischen Partikularismus, sich ferner geltend zu machen. Das Element der Wirksamkeit solchen Beispiels ist aber die Öffentlichkeit, ohne die keine bleibende und nachhaltige Wirkung auf die Meinung der Massen möglich ist.«

Große Schwierigkeiten macht auch die Integration der Verteidigung. Ohne Ende sind zum Beispiel die Verhandlungen über die Bundesfestung Ulm. Der preußische Gesandte, der das Anschwellen der romantisch-nationalen Volksbewegung spürt, schlägt einheitliche Bundessymbole vor, Wappen und Farbe. Aber die souveränen Fürsten wollen nicht einmal den Reichsadler auf den Geschützen der Bundesfestungen Ulm und Rastatt dulden. Der württembergische Gesandte erklärt einfach: »Der Adler war nie ein Zeichen deutscher Nationalität, sondern ein dem Heidentum entstammendes Symbol römischer Imperatorenwürde.«

Einer der Mitgliedstaaten ist immer gegen jede Aktion. Wenn es nicht das große Österreich ist, dann ist es das kleine Detmold. Der einzige Trost sind zwei norddeutsche Mitstreiter gegen den sinnlosen Partikularismus, der Hamburger Gesandte Sieveking und der Lübecker Senator Curtius.

Nach der Pariser Februarrevolution 1848 wird August Heinrich Dönhoff – dessen Sorge vor der republikanischen Bewegung wächst – immer drängender. Er schlägt seiner Regierung vor, »den Bundestag wenigstens temporär nach Berlin zu verlegen«. Dies würde, so meinte er, eine Konzentration der Kräfte Deutschlands bedeuten.

In den Märztagen des Jahres 1848 geht er weit über seine Kompetenzen hinaus. Er hat den Vorsitz im Bundestag, spürt die gärende Stimmung im Lande und entschließt sich, ohne dazu autorisiert zu sein, die Proklamation für deutsche Verfassungsrechte und das Bundespressegesetz durchzudrücken, das die bestehende Zensur aufheben soll. In seinem amtlichen Bericht vom 3. März 1848 heißt es: »Im vorigen Jahr, als Preußen seinen Entwurf vorlegte, würde diese Veröffentlichung noch eine sehr große und günstige Wirkung gehabt haben. Die Hartnäckigkeit und Immobilität Österreichs hat dies verhindert; ob der Beschluß jetzt noch eine Wirkung üben wird, steht dahin.« Er hat Sorge, daß der immer stärker anschwellende Nationalismus zu einer gefährlichen Waffe in der Hand der Massen werde: Am 9. März 1848 — er ist noch immer ohne Instruktionen von Berlin — läßt er den Reichsadler zum Bundeswappen und Schwarz-Rot-Gold zu Bundesfarben erklären. Im amtlichen Bericht vom 9. März 1848 erklärt er seine Eigenmächtigkeit: »Ich habe geglaubt, um so eher ohne Anfrage vorgehen zu dürfen, als Euer Königliche Majestät sich schon vor Jahren mit diesen Wünschen einverstanden zu erklären geruht haben.«

August Heinrich Dönhoffs Name steht unter den letzten weittragenden Entschlüssen, die die Bundesversammlung faßte. Dazu gehörte am 31. März 1848 der Beschluß, »daß es eine heilige Pflicht des deutschen Volkes sei, mit allen Kräften die Wiederherstellung des Polenreiches zu bewirken, um das durch die Teilung des Polenreiches bewirkte Unrecht wiedergutzumachen.«

Am 21. September übernimmt er das Außenministerium im Kabinett Pfuel, an dessen Programm er federführend mitgewirkt hat. Pfuel verspricht vor der preußischen Nationalversammlung, auf dem konstitutionellen Wege fortzuschreiten und »reaktionäre Bestrebungen mit aller Macht unseres Amtes zurückzuweisen«. Aber dann beginnt ein großes Tauziehen um die Durchführung dieses Programms. Der König neigt bald dieser, bald jener Richtung zu.

Als Friedrich Wilhelm IV. 1840 den Thron bestieg, hatte das ganze geistige Preußen dieses Ereignis mit allergrößten Hoffnungen begleitet: Alexander von Humboldt, Schelling, Tieck, Rauch, die Brüder Grimm, Meyerbeer, alle waren bei der glänzenden Thronrede Friedrich Wilhelms IV. anwesend und spendeten begeisterten Beifall. Aber inzwischen war längst deutlich geworden, daß der geistig so vielversprechende König ein schwacher Monarch war.

Am 7. November erklärte August Heinrich Dönhoff seinen Rücktritt. Ihm hatte während aller Bemühungen um die deutsche Einheit ein Reich vorgeschwebt, das sozusagen ein potenziertes Preußen hätte sein sollen, eine Krönung alles dessen, wofür sein Preußen gestanden hatte. Den Ultrakonservatismus, der sich nach 1848 breitmachte, den hatte er nicht gemeint.

Er ging zurück nach Friedrichstein und fuhr nur noch im Winter nach Berlin oder Erfurt, um als Abgeordneter an den Sitzungen der Kammer teilzunehmen. Die Reise von Königsberg nach Berlin nahm, auch nachdem die Eisenbahn 1853 fertiggestellt war, noch immer 26 Stunden in Anspruch, weil das Umsteigen und Umladen auf die Weichselfähre viel Zeit beanspruchte. Als schließlich vier Jahre später auch die Weichselbrücke fertiggestellt war, schrieb er ganz beglückt: »Was sind diese Brükken für ein unberechenbarer Gewinn für unsere arme Provinz. Nur wenn man in seiner Jugend die Reise nach Berlin in acht Tagen und acht Nächten ununterbrochen mit den größten Anstrengungen und Schwierigkeiten zurückgelegt hat, kann man den ungeheuren Fortschritt der Gegenwart ermessen.«

Sein Nachfolger als preußischer Gesandter am Bundestag wird Otto von Bismarck. Er betrachtet ihn zunächst skeptisch, doch verabscheut er die, wie er sagt: »albernen Jagdgespräche gewisser Provenzalen«, die Bismarck als Sohn einer bürgerlichen Mutter, als Mann ohne geordnete Carriere angreifen. Mit den Jahren aber wächst seine Bewunderung für eine »Capazität, wie wir sie schon lange nicht mehr hatten«, immer mehr.

1857 wurde Wilhelm I. Regent und vier Jahre später, nach Friedrich Wilhelms IV. Tod, König. Als einen der ersten ließ er Dönhoff aus seiner ostpreußischen Versenkung zu einer Besprechung holen. Ein Jahr später bot er ihm die Ministerpräsidentschaft an, aber der Befragte lehnte ab. »Ich danke Gott noch täglich, daß Du die Ministerpräsidentschaft in diesem Frühjahr ausgeschlagen hast«, schrieb seine Frau.

August Heinrich hatte 1848 beschlossen, nur noch als unabhängiger Ratgeber zu wirken, und lehnte darum alles ab, auch das Angebot, Hausminister zu werden. Er war nur noch gern in Friedrichstein, wo er sich intensiv um die schulischen und kirchlichen Angelegenheiten der Provinz kümmerte, und wo er sich von aller Welt zurückzog. Es langweilte ihn, mit »meist unverständigen Menschen immer wieder dieselben Nöte zu diskutieren«. Nur der Umgang mit Professoren machte ihm noch Freude. Aber er spürte, daß die Zeit des geistigen Preußen zu Ende ging. Wehmütig dachte er daran, wie seine Schwester Amélie, die Hofdame bei der Königin war, einst scherzend schrieb, sie sei in Sanssouci mit den Majestäten allein gewesen – »nur« Ranke, Humboldt, Niebuhr waren auch da, von denen ersterer aus seiner Geschichte Frankreichs vorlas.

Inzwischen ist auch Humboldt neunzigjährig gestorben. In dem letzten Brief, den er an Amélie am 31. Januar 1859 schrieb, heißt es: »Ich selbst bin wieder mit Todesgedanken vertraut geworden. Und wenn alle Tage mein fast fünfzigjähriger schwarzer Papagei – der seltene Grandvose aus Madagaskar – mich als Hausfreund zu den ernsten Betrachtungen und zu der Frage vermochte, wer von uns beiden zuerst sterben würde (worauf er mit unerfreulicher Sinnlichkeit antwortete: Viel Zucker, viel Kaffee, Herr Seyffert), so ist er denn doch vor mir am 13. Januar verschieden! Dann folgten eine kurze Zeit hintereinander der edle Hatzfeldt und Bettina, von der pfäffischen Intoleranz verfolgt. Sie verzeihen, wenn ein Waldmensch aus dem Papageienlande alle sprechenden Papageien und denkenden Menschen in seiner Naturliebe vermengt.«

Diesem Brief, vier Tage nach der Geburt Wilhelms II. geschrieben, folgt noch ein Nachtrag. Am nächsten Tag schreibt Humboldt, es dränge ihn doch, Versäumtes nachzuholen und ihr zu berichten, wie echt und herzlich die allgemeine Volksfreude am 27. Januar gewesen sei, dem Tag, an dem Wilhelm II. geboren wurde. Er schreibt: »Die Gefahr war, da der Prinz einige Momente athemlos blieb, nicht gering, aber bald athmete er frei und nahm die Brust der westfälischen Amme an ...« (Seltsam, sich zu fragen, wie anders die Weltgeschichte wohl verlaufen wäre, wenn die Atemzüge des Neugeborenen noch ein paar Momente länger ausgeblieben wären.)

August Heinrich ist alt und grantig geworden. Er, der sein Leben lang sich keinerlei Bequemlichkeiten gegönnt hat, weil er unter allen Umständen die Schulden, die er übernommen hatte, abzahlen wollte, ärgert sich über seinen Neffen Lehndorff: »Wohin soll es führen, wenn ein Rittmeister bereits vierspännig fährt?«, schreibt er schlecht gelaunt an Amélie. Nur ein Tag macht ihn noch einmal von Herzen froh, der Tag, an dem Preußen 1866 über Österreich siegt, über jenes Österreich, das ihm, dem preußischen Gesandten, so viele Jahre so viel Ärger bereitet hat. Er genießt den Einzug der Truppen in Berlin, diesen Tag, an dem sein »theurer König« über das Erzhaus und über die Wettiner, Welfen, Hessen, Wittelsbacher triumphiert und über alle die kleinen »Souveränitätsschwindler«, wie er sie zu nennen pflegte. Er fährt extra nach Berlin und sieht sich den Einzug durch das Brandenburger Tor, bei dem auch seine drei heimgekehrten Söhne mitreiten, ganz genau an. Aber die Söhne interessieren ihn dabei wenig. Seine Gedanken kreisen ausschließlich um das größere Geschehen. Während der letzten Zeit, sogar während der kriegerischen Ereignisse, an denen jene doch beteiligt waren, hat er ganz vergessen, sie in seinen an Amélie gerichteten Betrachtungen zu erwähnen.

Was dann vier Jahre später kommt, der Krieg mit Frankreich, das nennt er die Feuerprobe für die Einigung Deutschlands. Er schreibt seiner Schwester am 21. 7. 1870: » . . . und Frankreich tut am Ende mehr für diese Einigung als die alte deutsche Bundesverfassung; ich denke, auch dieser Napoleon leistet der deutschen nationalen Sache ein wahres Verdienst, ohne es zu wollen.« Er ist froh über den deutschen Sieg, aber ganz beruhigt ist er erst, als die neue Reichsverfassung heraus ist und sich zeigt, daß »in allen inneren preußischen Beziehungen das alte Königtum unberührt bleibt«. Die Geschwister sprechen denn auch weiter von ihrem »theuren König« oder »unserem Herrn« und nicht vom Kaiser.

Aber schließlich wird August Heinrich doch gewahr, daß auch diese Verfassung nur einen Zustand fixiert, der eigentlich schon vorüber ist, und daß auch sie nicht verhindert, daß die Zeiten und mit ihnen die Menschen sich ändern. Er ist zornerfüllt darüber, daß es Gutsbesitzer gibt — sogar in Ostpreußen! —, die bankrott machen, weil sie in rumänischen Papieren spekuliert haben. Er ärgert sich über den »Fortschrittschwindel« und über die Leute, die ihren Besitz nicht mehr treuhänderisch begreifen, sondern mit ihm umgehen wie mit einer Handelsware. Er findet es höchst überflüssig, daß die junge Generation Ausländerinnen heiratet — darauf habe noch nie ein Segen gelegen. Er haßt den materialistischen Ehrgeiz all der Leute, die jetzt zu Vermögen kommen wollen, und verabscheut die »Industrialisierung von Edelleuten«.

Beide Geschwister erregen sich sehr über den Strousbergschen Eisenbahnskandal. Dr. Strousberg war einer der großen, vielleicht der größte Unternehmer der Gründerzeit. Er hatte Eisenbahnen, nicht nur in Deutschland, sondern auch in Frankreich, Rußland, Rumänien gebaut und leitete mit immer kühneren Finanzmethoden einen immer größeren Industriekonzern, bis schließlich 1873 sein riesiges Unternehmen zusammenbrach und er selbst ins Gefängnis wanderte. Als Wilhelm I., ein schlichter, maßvoller Mann, dem alles Überdimensionale, Protzige zuwider war, die Verurteilung von Strousberg erfuhr, sagte er zu dessen Compagnon, dem Herzog von Ujest: »Guten Tag, Doktor Ujest, wie geht es dem Herzog von Strousberg?«

Ja, das alte Preußen war nun wirklich tot. Seit der Krönung des ersten Königs waren über 170 Jahre vergangen. August Heinrichs Vater hatte in der napoleonischen Zeit das Ende des ständischen Preußen erlebt, und er selbst erlebte nun das Ende des geistigen Preußen. Herauf zog nun das Deutsche Reich, für das Macht und wirtschaftlicher Aufstieg die wichtigsten Ziele waren. Binnen sechs Monaten nach der Gründung des Deutschen Reiches hatte Berlin schon mehr als zwanzig neue Straßenzüge in Bebauung gegeben. Amélie schreibt besorgt aus der Hauptstadt: »Die sozialen Zustände hier in Berlin in bezug auf die Arbeiter und die Teuerung, auf die Wohnungsnot, und die zum Teil dadurch entstehenden Unruhen sind wirklich auf einen bedenklich abnormen Punkt gelangt.« Die Hofdame der Königin wohnt im Schloß und hat sicherlich nicht allzu viel persönliche Berührung mit sozialen Schwierigkeiten, aber der Sinn für Proportionen und das Bedürfnis nach einer gewissen inneren Ordnung der Dinge, der ihrer Generation noch eingeboren war, läßt sie die zukünftigen Spannungen spüren.

Der älteste jener Söhne, die 1866 mit der siegreichen Armee zurückkehrten, ist 1845 während der Bundestagszeit in Frankfurt am Main geboren. Als ältester — wenngleich nur um ein paar Minuten älter als sein Zwillingsbruder — ist er der Erbe des 1859 in ein Fideikommiß verwandelten Friedrichsteiner Besitzes. Der Vater August Heinrich Dönhoff, der spät geheiratet hatte, war schon nahezu ein Fünfziger, als August, sein ältester Sohn, geboren wurde, und da er sich wenige Jahre später aus dem öffentlichen Leben zurückzog, wuchs sein Sohn in Friedrichstein auf. Dorthin zog bald darauf auch ein Bruder von August Heinrich, der General Louis Dönhoff, ehemaliger Chef der Garde du Corps. Louis war Junggeselle, groß, hager, unendlich gütig, von pedantischem Ordnungssinn und krankhafter Gründlichkeit, ein Original, das dem alten Friedrichstein in den kommenden Jahrzehnten eine besondere Note verlieh.

Er bewohnte zwei Zimmer im oberen Stockwerk, die noch zu meiner Zeit die »große« und die »kleine Generalstube« hießen. Dort hatte er sich auf halber Höhe der über sieben Meter hohen Räume ein Podest bauen lassen, das er mit Hilfe einer Leiter bestieg und auf das er sich im Winter zurückzog, weil er es dort oben wärmer fand. Er hat jahrzehntelang mit gestochener Schrift Tagebücher geführt, die in unübertrefflich anschaulicher Weise Vorstellungen vermittelten vom Ablauf des Alltags, von den wirtschaftlichen und sozialen Problemen, den verschiedenen Gästen (bei denen er stets vermerkte, ob sie »angesagter-« oder »eingeladener Maßen« erschienen) und deren politische Ansichten er eingehend erörterte.

Er hatte es sich zur Gewohnheit gemacht, sich um jeden Mann zu kümmern, der unter ihm, gleich in welchem Regiment, gedient hatte. Jährlich war dies der Anlaß für ihn, Hunderte von Briefen zu schreiben: Da war einer, der wollte von den Erntearbeiten freikommen, ein anderer wünschte eine Stellung als Kutscher in Berlin, ein dritter bewarb sich um eine Stellung als Portier in Königsberg. Viel Zeit verwandte er, der sich immer mit Rechtsfragen beschäftigt hatte, auch auf Beratung der Leute in den umliegenden Dörfern. Er hatte am Giebel des Schlosses einen eigenen Eingang, an dem seine »Klientele« zu warten pflegte, und wenn ihm die Klagen einleuchtend erschienen, dann wurde er aktiv, sprach mit den Beamten, schrieb Briefe und fuhr nach Königsberg.

Jeden Sonntag gingen er und die brüderliche Familie zur eineinhalb Kilometer entfernten Kirche in Löwenhagen. Er ging bei jedem Wetter zu Fuß durch die alte Lindenallee, die Friedrich Dönhoff 1725 gepflanzt hatte. Denn zur Kirche zu fahren — das wäre hoffärtig gewesen.

Louis Dönhoff war ein großer Reiter. In den ersten Jahren nach seiner Verabschiedung begab er sich im Herbst stets zu Pferd zu dem mehr als hundert Kilometer entfernten Steinort — dem Besitz der Lehndorffschen Vettern — wo es eine Meute gab und wo in jeder Saison sieben bis acht Jagden geritten wurden. Alljährlich rechnete er mit größter Genauigkeit die Kosten von Hafer, Heu und Stroh für seine beiden Pferde mit seinem älteren Bruder, dem Fideikommißherrn, ab, trotz dessen immer wieder erneut vorgebrachten Protesten. Louis wollte unabhängig sein.

Louis' Neffe, August, der zukünftige Besitzer von Friedrichstein, war viel im Bismarckschen Hause und auch in Varzin, wo der Kanzler ihn zuweilen auf stundenlange Ritte durch die großen Wälder mitnahm, hat nur noch in Friedrichstein eine Vorstellung von der alten Zeit bekommen. Er wuchs schon hinein in die größere und weitere Welt, der das kleine Preußen, in dem jeder jeden kannte und alles im Grunde noch immer von einem Hauch des Ordensstaates umgeben war, längst zu eng geworden war. Sein Sinn stand in die Ferne und Weite. Darum hat er wohl auch zunächst die diplomatische Karriere eingeschlagen und als erste Station Paris und Petersburg erlebt, das alte Petersburg mit seinen eleganten Equipagen, schönen Frauen und großen Hoffesten, das uns nur noch aus Romanen und Filmen bekannt ist.

1879 ist er Legationssekretär in Washington, und

der Zufall will es, daß er in eine der letzten großen Auseinandersetzungen mit den Indianern hineingerät und also (im Gegensatz zu Karl May) ein Stück der Vorgeschichte der heutigen Vereinigten Staaten wirklich miterlebte.

Damals war Karl Schurz Innenminister, dem die Belange der Indianer unterstanden. Er, der den Versuch machen wollte, die ursprünglichen Bewohner jenes Kontinents für die moderne weiße Zivilisation umzuerziehen, hatte nicht viele Parteigänger. Die meisten seiner Zeitgenossen fanden, dies sei nichts als Zeitverschwendung, und viele schauten mit neidischen Blicken auf die großen Gebiete, die gerade dem Stamm der Ute im Staate Colorado noch als Reservat zur Verfügung standen (5 Millionen Hektar). Nur ein paar Idealisten dachten wie Schurz. Zu ihnen gehörte Nathan Meeker, der in das Gebiet der Ute in den Rocky Mountains gegangen war und der dort als Chef einer sogenannten Indian Agency versuchte, den Stamm zu seßhaften Ackerbauern umzuschulen. Aber die Ute wollten nicht. Und als eine Kette von nicht eingehaltenen Zusagen der Regierung und einige unglückliche Ereignisse sich multiplizierten, kam es zu einem Aufstand, bei dem Mr. Meeker und eine Anzahl Weißer erschlagen und Mrs. Meeker mit zwei jungen Mädchen verschleppt wurden.

Die Kunde dieser Ereignisse verbreitete sich in Denver just an dem Tage — es war Ende September 1879 —, an dem Karl Schurz, General Adams, ein aus Pommern stammender Gesinnungsgenosse, und

August Dönhoff aus verschiedenen Richtungen kommend dort zufällig zusammentrafen. Die gesamte weiße Bevölkerung war außer sich vor Zorn, und der Schrei nach Rache wurde allenthalben laut erhoben. Telegramme und Befehle gingen hin und her. Truppen wurden in Bewegung gesetzt. Schurz wußte: Wenn die vorrückenden Soldaten die Ute in die Enge trieben, war das Schicksal der als Geiseln mitgeführten Frauen besiegelt. Würden aber die Frauen geschändet und umgebracht, dann — das war ihm ebenso klar — würde es unmöglich sein, die amerikanische Bevölkerung in Schach zu halten.

Was geschehen mußte, war also, alles daran zu setzen, die Frauen freizubekommen, ehe die bereits in Marsch gesetzten Truppen das Lager der Ute erreichten. August Dönhoff stellte sich zur Verfügung und machte sich mit General Adams und dreizehn Indianern zu Pferd auf den Weg. Sie waren zehn Tage lang fast ununterbrochen unterwegs, legten mehrere hundert Meilen zurück und stiegen auf über 3000 Meter auf. Es war eine aufregende, in der Geschichte des Staates Colorado unvergessene Expedition, und sie hatte Erfolg. Es gelang ihnen, das Lager vor den Truppen zu erreichen und die Frauen zu befreien.

August Dönhoff kehrte nach Washington zurück, aber der Bürokratismus, mit dem ein amtliches Leben nun einmal verbunden ist, sagte ihm auf die Dauer wenig zu. Er nahm den Abschied und reiste als Privatmann in der Welt umher, von Zeit zu Zeit immer wieder nach Friedrichstein zurückkehrend.

In dieser Zeit, in der viele Schlösser von ihren Besitzern mit viel Geld und wenig Geschmack um Türme und Zinnen bereichert wurden, hat er sich darauf beschränkt, als Sammler zu wirken. Zwischen Paris, Rom und München gab es keinen Antiquar, mit dem er nicht korrespondierte, keinen großen Museumsdirektor, den er nicht kannte. Es war eine Zeit, in der jemand, der etwas von Kunst verstand, noch mit wenig Geld hervorragende Stücke erwerben konnte.

Politik hat ihn immer interessiert. Täglich lagen in Friedrichstein Times, Temps und Matin auf dem langen Zeitungstisch, und stets hielt er Verbindung mit denen, die die Fäden in der Hand hatten. Politik ja, aber nicht als Beruf. Er dachte wohl mehr wie die Engländer am Anfang des Jahrhunderts: Damals hatte sein Vater die Minister und Abgeordneten noch zum Parlament in Westminster reiten sehen, wo die Stalleute ihnen die Pferde abnahmen und sie abfütterten, während die Reiter die großen Fragen des Weltreichs diskutierten, ehe sie wieder ihre Pferde bestiegen und befriedigt davonritten. August Dönhoff war als Besitzer des Fideikommiß Friedrichstein erbliches Mitglied des Herrenhauses und während der Sitzungsperioden meist in Berlin, mindestens, nachdem er sein Wanderleben aufgegeben hatte und seßhaft geworden war. Das geschah freilich erst nach seiner Heirat im Alter von 53 Jahren. Von da an lebte er in Friedrichstein und siedelte im Winter mit der ganzen Familie (auch nachdem sieben Kinder dazu gehörten) nach Berlin über.

Er war stets sehr beschäftigt, aber gleichzeitig von ungewöhnlicher Ruhe und Gelassenheit. Nie kam er zu spät, allerdings gewöhnlich in der letzten Minute. Eines Tages schrieb der Bahnhofsvorsteher von Königsberg einen Brief und bat, »Ihre Exzellenz« möge doch dafür sorgen, daß »Seine Exzellenz« nicht immer im allerletzten Moment käme und dann mit kurzsichtigen Augen und ohne erkennbare Eile in den fahrenden Zug stiege — schließlich sei jener doch Landhofmeister und er der Stationsvorsteher, da wolle er keine Scherereien haben.

Dieselbe Gelassenheit kam übrigens auch allen protokollarischen Fragen der sozialen Hierarchie gegenüber zum Ausdruck, was in einer Zeit, die sich gern nach dem Hof richtete, keineswegs üblich war. Bei August Dönhoff wurde jeder, der als Gast über die Schwelle seines Hauses trat, mit der gleichen Liebenswürdigkeit und Ritterlichkeit behandelt, ganz gleich, ob es sich um den Oberpräsidenten, die Spitze der Provinz, handelte oder um einen Beamten der eigenen Verwaltung.

Als eines Tages Kaiser Wilhelm II. zu Besuch kam, was wochenlange aufgeregte Vorbereitungen im Hause, in der Gemeinde und im Landkreis ausgelöst hatte, war der Hausherr der einzige, der eine halbe Stunde vor der minuziös festgelegten Ankunftszeit — längst standen alle Vereine aufgereiht — nicht aufzufinden war. Schließlich kehrte er, völlig unberührt von der allgemeinen Erregung, von irgendeinem Gang heim, zog sich um und erschien dann doch noch gleichzeitig mit den heranrollenden Majestäten auf dem Plan. Seine Anzüge waren deutlich sichtbar von einem eleganten Schneider gemacht, aber sie waren immer ein wenig verbeult und verschlissen, was einen Freund einmal zu der interessierten Frage veranlaßte: »Sag mal, wer trägt eigentlich deine Anzüge, wenn sie neu sind?«

August Dönhoff hat noch das Ende des Kaiserreichs erlebt und die Flucht Wilhelms II., dessen Ur-ur-Großvater, Friedrich Wilhelm III., nach 1830 einmal sagte: »Die Fürsten haben der Legitimität mehr geschadet als alle Demagogen.« August Dönhoff verfolgte zwar noch alles, was auf der politischen Drehbühne dieser Welt geschah, aber ob es ihn wirklich noch interessierte?

Wenn er mit Gartenschere und einem Spazierstock, in den er sich ein Sägeblatt hatte einbauen lassen, das in die Krücke eingespannt werden konnte, durch den Park ging, hier einen Blick wieder freimachte, dort ein Gebüsch zurückschnitt, dann hat diese Art Landschaftsgärtnerei sicherlich seine ganze Aufmerksamkeit in Anspruch genommen und ihn mehr gefesselt als die Dinge der angeblich großen Welt, die er mit so viel Neugier durchfahren hatte. Von 1866, jenem Krieg, in dem er als junger Leutnant im Handgemenge mit dem Säbel verwundet worden war, bis zu den »Materialschlachten« des ersten Weltkrieges – vielleicht war das eine Entwicklung, die das Fassungsvermögen eines Menschen eigentlich überstieg.

Sein ältester Sohn Heinrich zog als Siebzehnjähriger in den Krieg, wie schon seine Vorfahren der letzten sechs Generationen vor ihm siebzehnjährig Soldat geworden waren. Er hat diesen ersten Weltkrieg überstanden. Als Zweiundvierzigjähriger ist er dann im zweiten Weltkrieg gefallen. Dazwischen lag der Einbruch des Nationalsozialismus in Deutschland und in der Friedrichsteiner Welt die Revolutionierung aller Lebensformen.

War bis dahin ein solcher Besitz die Basis gewesen, von der aus seine Besitzer am öffentlichen Leben teilnahmen, während den landwirtschaftlichen Teil ein Administrator versah, so wurde nun der Besitzer sein eigener Verwalter. In unserer, der 18. Generation, war der Gutsherr eine Art landwirtschaftlicher Unternehmer. Nie hatte einer der bisherigen Eigentümer eine Ahnung von Fruchtfolge, Viehzucht, Futteranalysen und Düngungsversuchen gehabt. Jetzt wurde dies anders. Bald bedeckten Statistiken und graphische Darstellungen die Wände des Büros, in dem der Chef dieses Unternehmens saß und sich in immer neue Gebiete einarbeitete: Steuergesetze, Bodenmeliorationen, Mechanisierung. Die Wissenschaft hielt Einzug auf den Gütern.

Wußten die Vorfahren genau, was der Herr von Saucken in Tarputschen oder der Freiherr von Schrötter in Wohnsdorf oder der Graf Brünneck in Belschwitz politisch dachten oder im Parlament gesagt hatten, so wußten wir nun, daß der Graf Brünneck eine Musterschäferei von Merinos hatte und der Freiherr von Schrötter hervorragende Hengste züchtete. Man machte landwirtschaftliche Bereisungen auf besonders spezialisierten Betrieben mit, fuhr zu diesem Zweck gelegentlich auch »ins Reich«, wie es damals hieß, und wenn man sich gegenseitig besuchte, dann galt der erste Gang den Ställen und Feldern.

Aber Heinrich Dönhoffs Tätigkeit erschöpfte sich nicht in wirtschaftlichem Tun. Er hatte die künstlerischen Passionen des Vaters geerbt, und so bescheiden, so karg seine persönliche Lebensführung auch war – bei der Restaurierung des Hauses wurde nicht gespart. Er hatte für diesen Zweck ein paar Kunstgegenstände aus der Sammlung des Vaters verkauft, um den erfahrensten Restaurator der königlichen Schlösser und Museen in Berlin für jeweils ein paar Wochen im Sommer nach Friedrichstein zu holen, damit langsam unter sachkundiger Anleitung Friedrichstein noch einmal zu fast nicht mehr geahnter Vollendung erstünde.

In allen Räumen wurden viele Schichten häßlicher brauner oder weißer Tünche von den Boiserien abgezogen, bis die originalen, hellen Farben wieder hervorkamen. Die Gobelins, die im frühen 18. Jahrhundert für mehrere Räume nach Maß in Flandern gewebt worden waren, wurden zum ersten Mal aus ihren Befestigungen gelöst und auf dem Schnee geklopft. Das »Tabakskollegium« von Friedrich Wilhelm I. wurde wieder freigelegt, und die sogenannten Königsstuben erhielten ihre originale Fassung. Denn alle preußischen Könige – mit Ausnahme Friedrichs des Großen – waren mehrfach in Friedrichstein zu Gast gewesen. Für sie hatte es von jeher ein besonderes Appartement gegeben, damit sie, wenn sie Station machten, sozusagen bei sich zu Hause seien. Daß im übrigen nie einer der neuen »braunen« Herren — kein großer und kein kleiner — seinen Fuß über die Friedrichsteiner Schwelle setzte oder sich gar dort zu Hause gefühlt hatte, das war selbstverständlich.

Endlich waren alle Arbeiten beendet. Da brach der Krieg aus. Eigentlich brach er für Ostpreußen zweimal aus: im Herbst 1939 und dann noch einmal am 21. Juni 1941, als morgens bei Tagesanbruch riesige Bombergeschwader dröhnend über Friedrichstein hinweg das Pregeltal hinauf nach Osten — gen Rußland — flogen. In dieser Zeitspanne kam die 19. Generation zur Welt: Johann Christian, Hermann und Christina. Sie wurden noch in Friedrichstein geboren, aber sie durften nicht mehr dort aufwachsen.

Ende Januar 1945 ging Friedrichstein mit allen Sammlungen, Bildern, Teppichen und dem Archiv in Flammen auf.

INHALT

N
W
O
S
OSTSEE
Pilten
Windau
Libau
Ambothen
Memel
L
Kurische Nehrung
Memel
Tilsit
Danziger Bucht
KÖNIGSBERG
Insterb
Pregel
OSTPREUSSE
DANZIG
Braunsberg
Angerbu
Elbing
Rastenburg
Lötzer
MASUREN
Dirschau
Marienburg
Weichsel
Spirding-See
Marienwerder
Osterode
Allenstein
Ortelsburg